Wimmelbuch

Aktivitätsbuch

Such- und Findebuch für Kinder und Erwachsene

DYLANNA Press

Urheberrechte © 2022 von Dylanna Press

Herausgeber: Julie Grady

Alle Rechte vorbehalten. Kein Teil dieser Publikation darf ohne vorherige schriftliche Genehmigung des Herausgebers vervielfältigt, in einem Datenabfragesystem gespeichert oder auf irgendeine Weise, einschließlich elektronisch, mechanisch, durch Fotokopie oder auf andere Weise, übertragen werden.

SALT

FLOUR

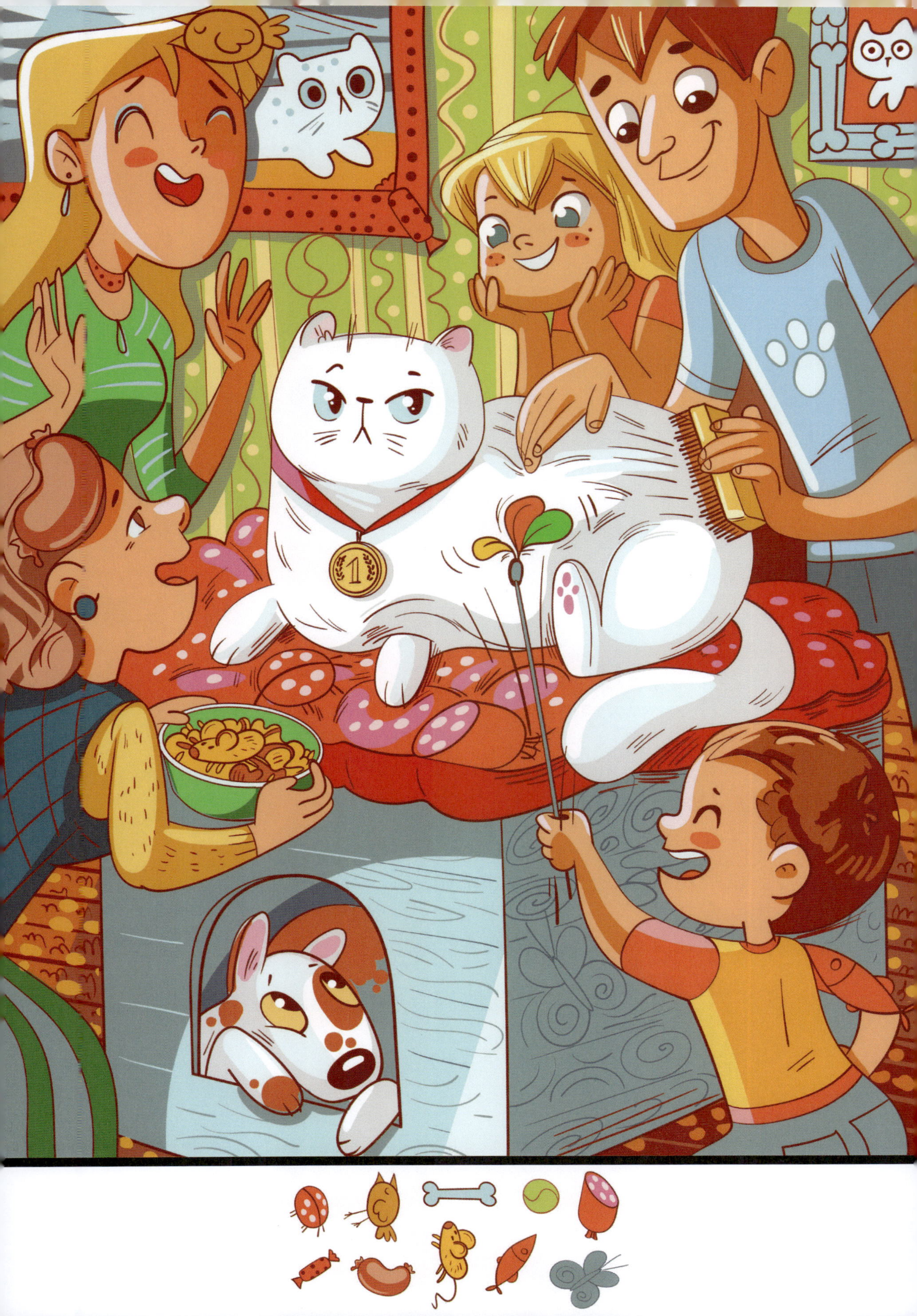

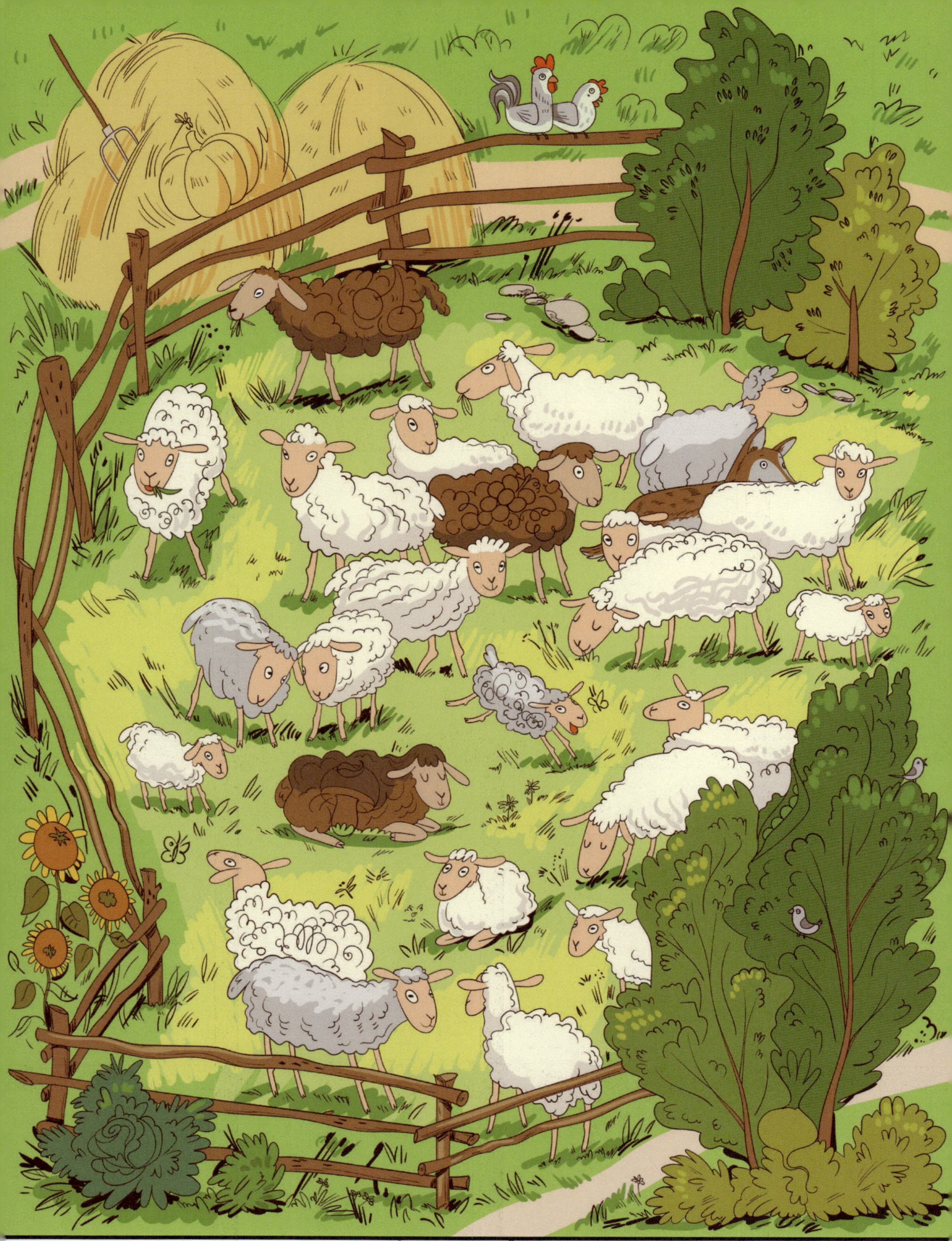

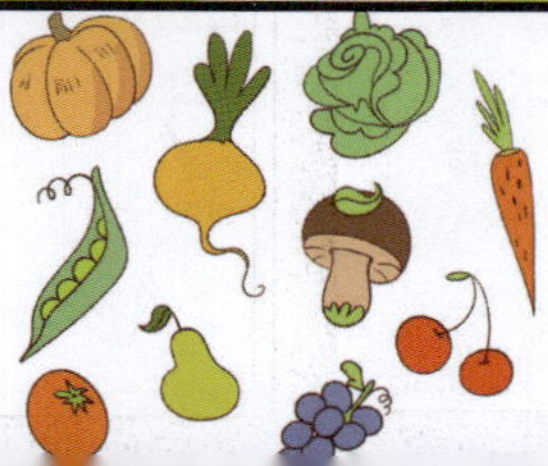

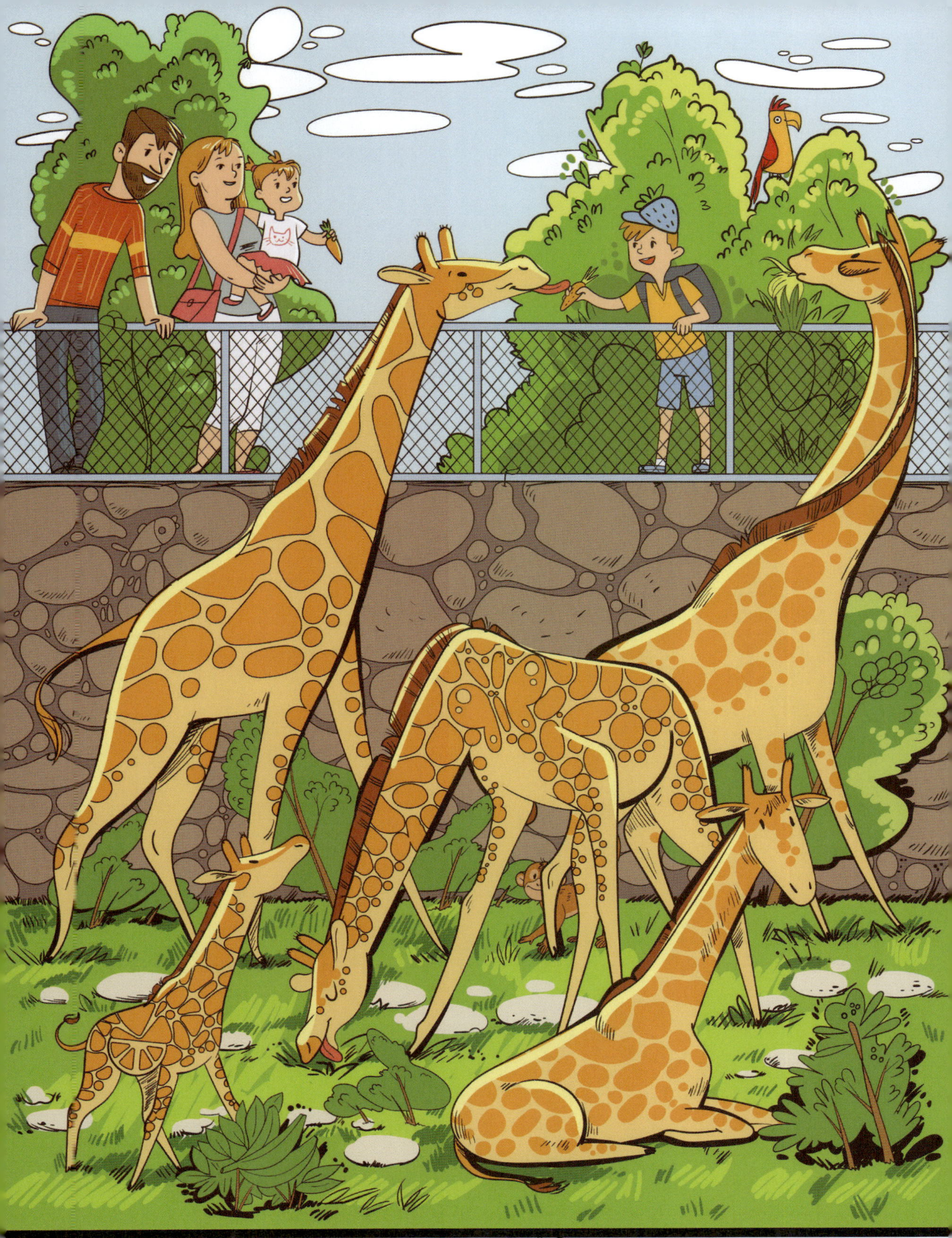

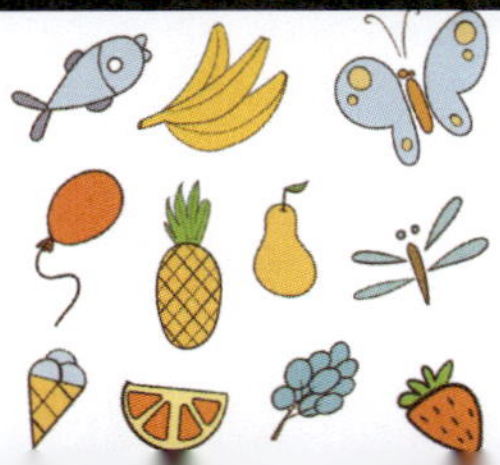

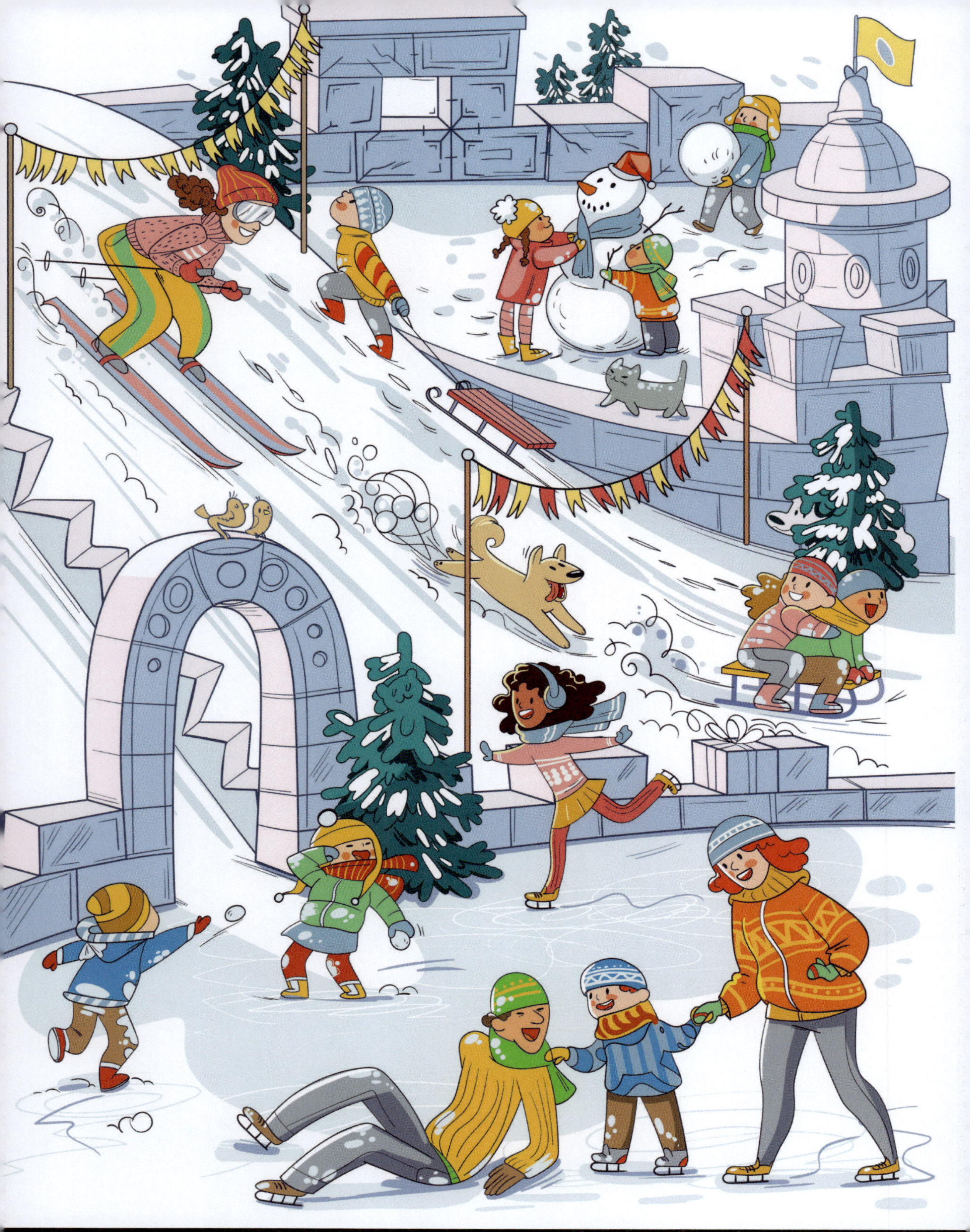

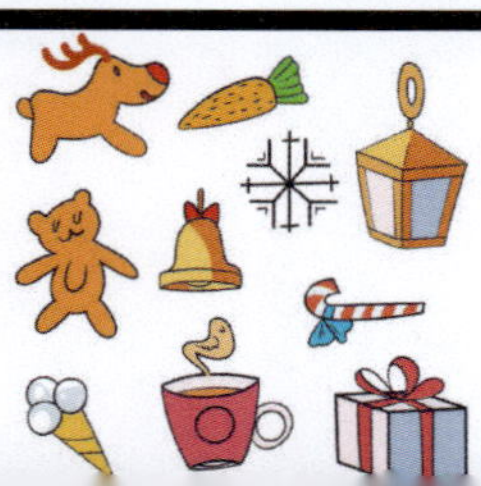

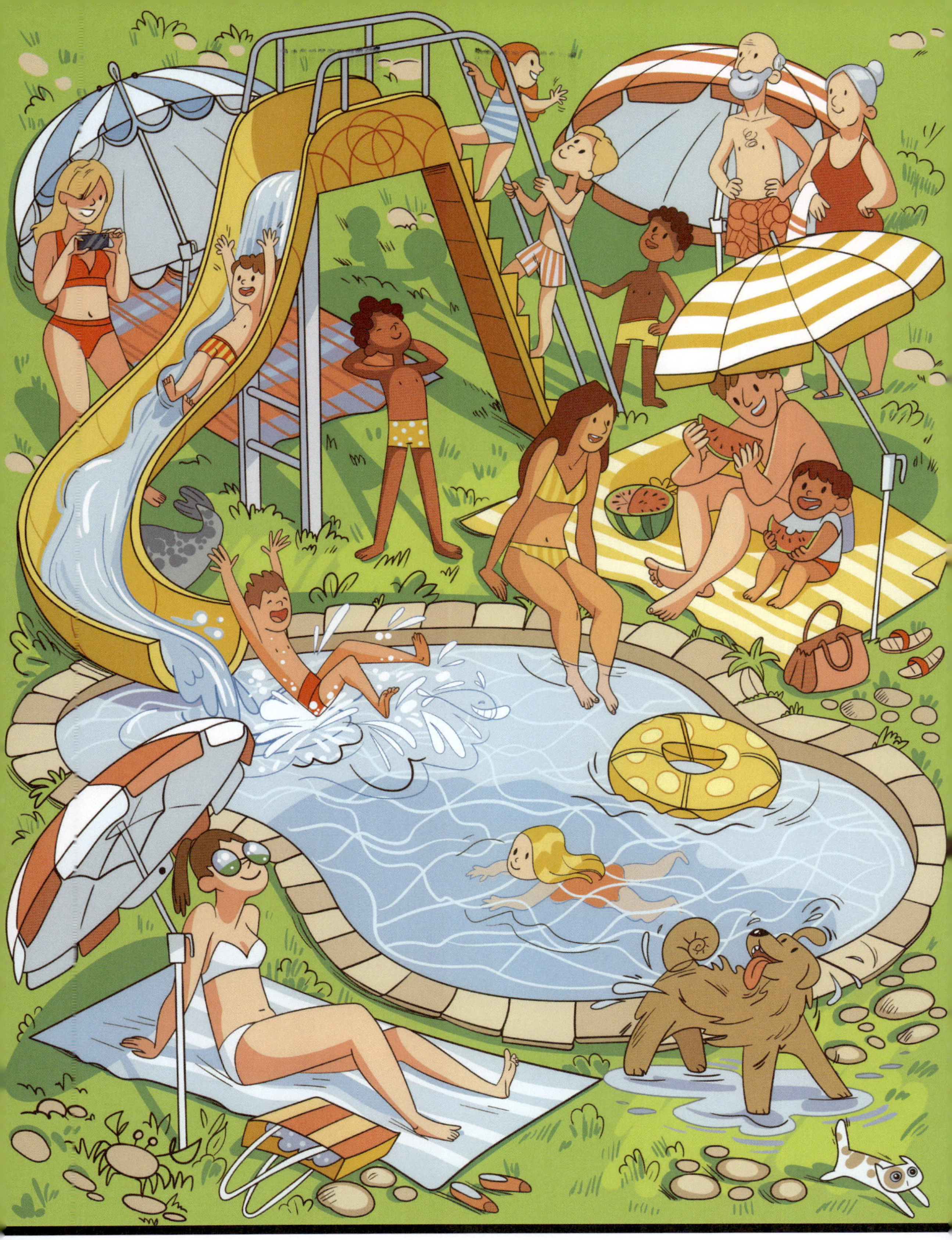

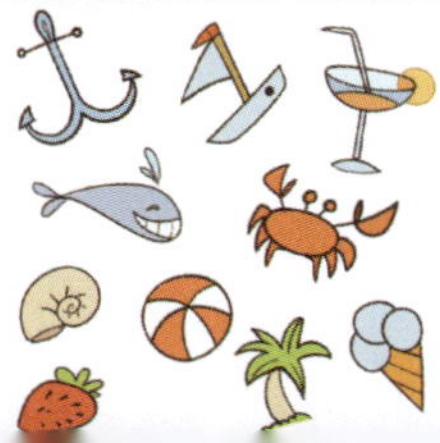

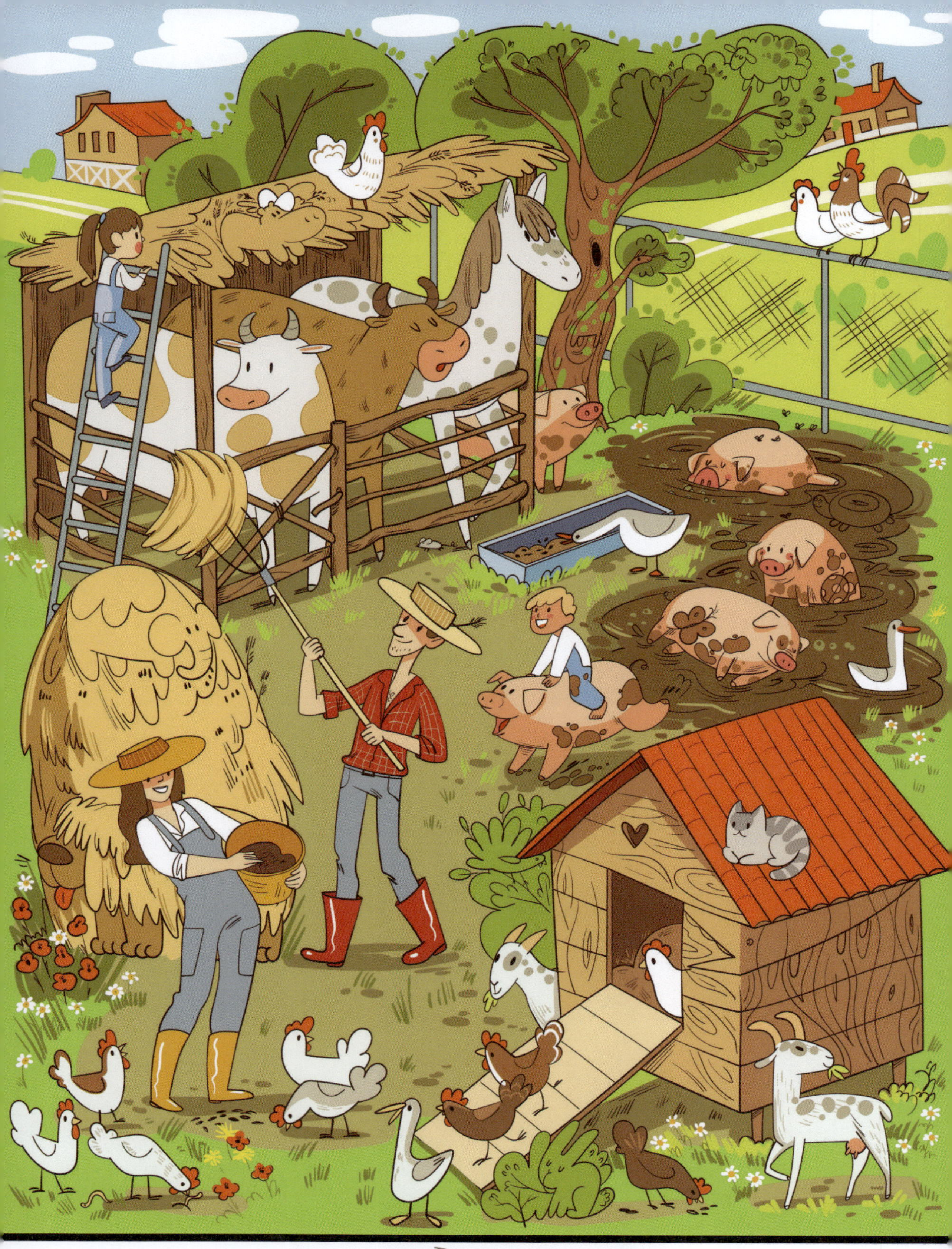
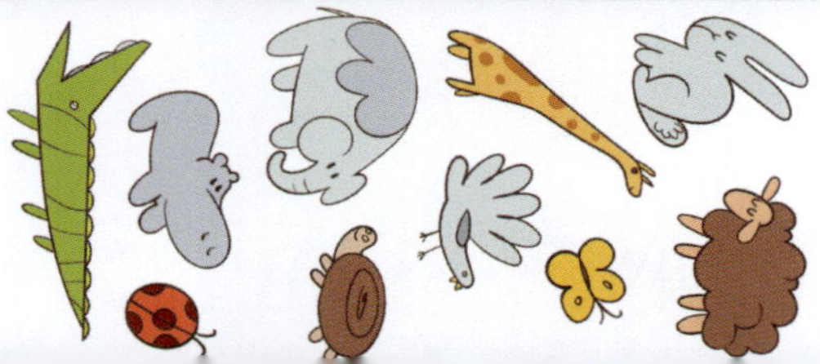

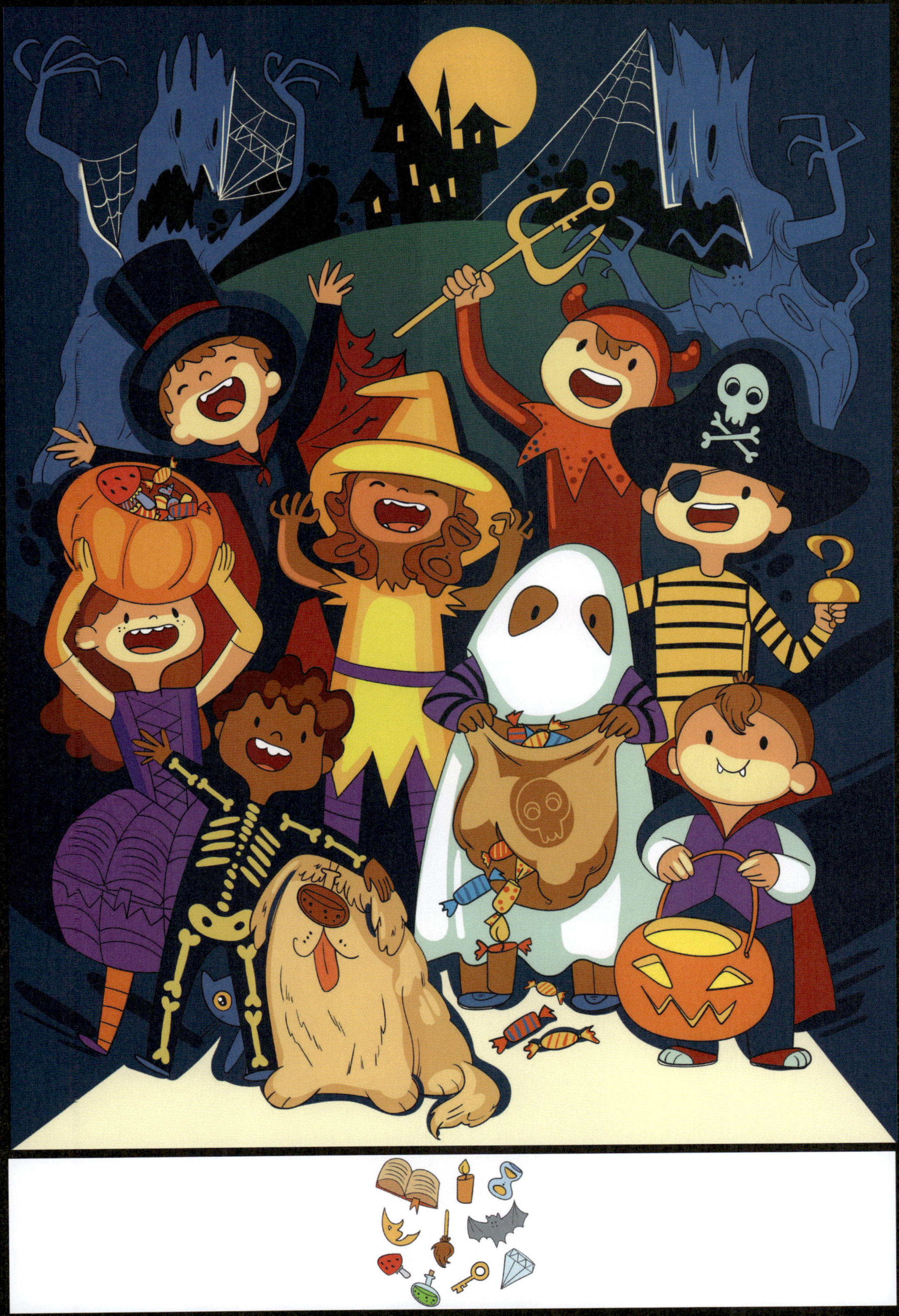

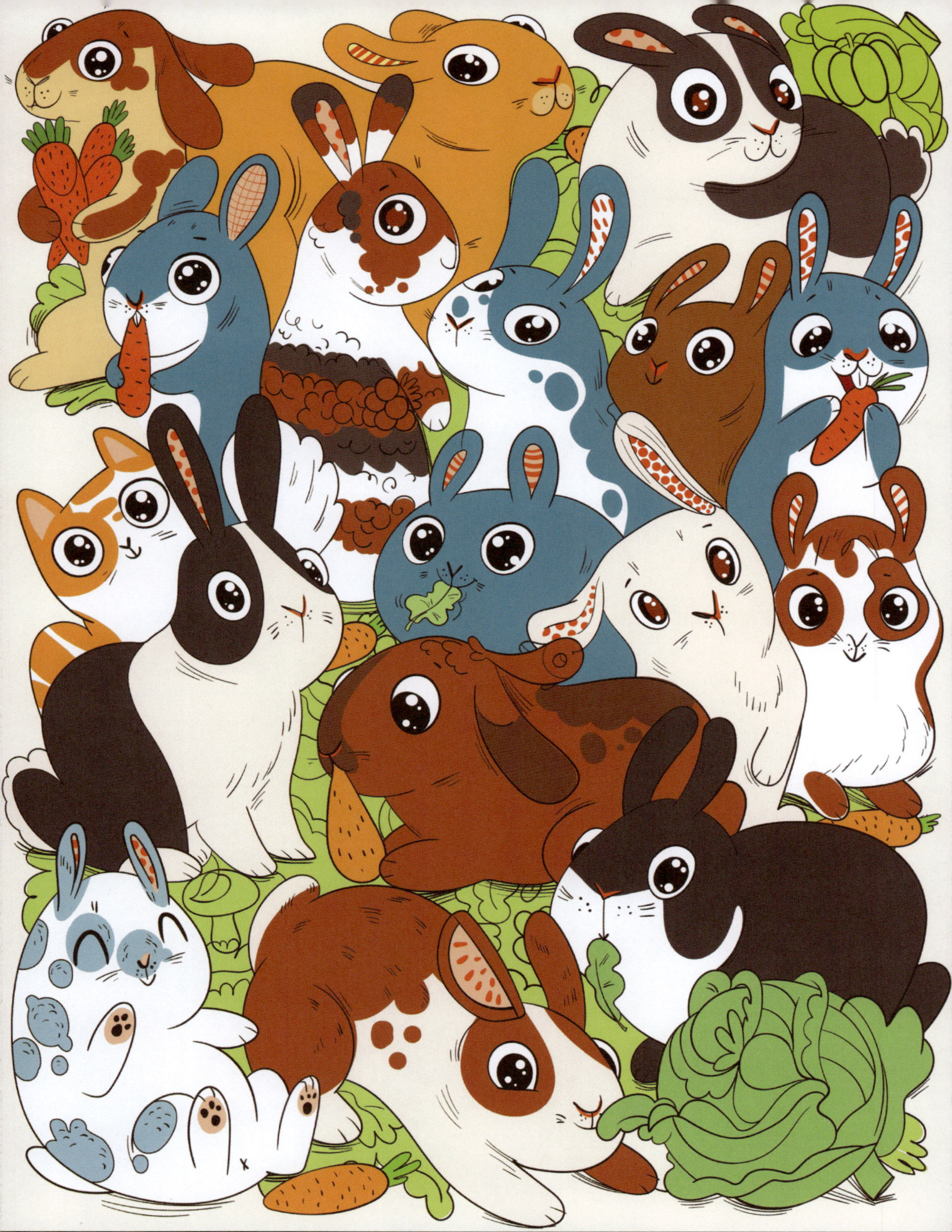
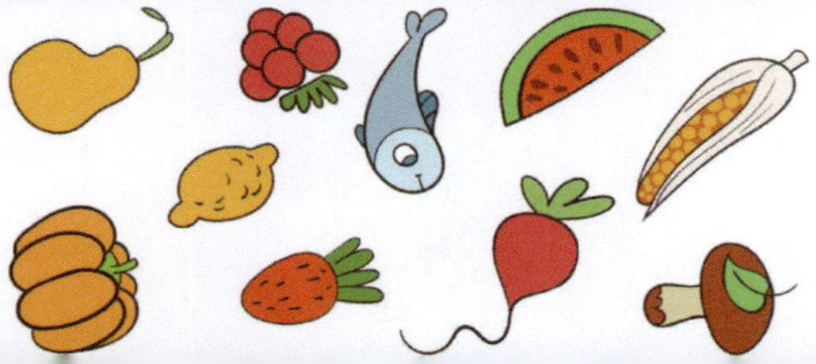

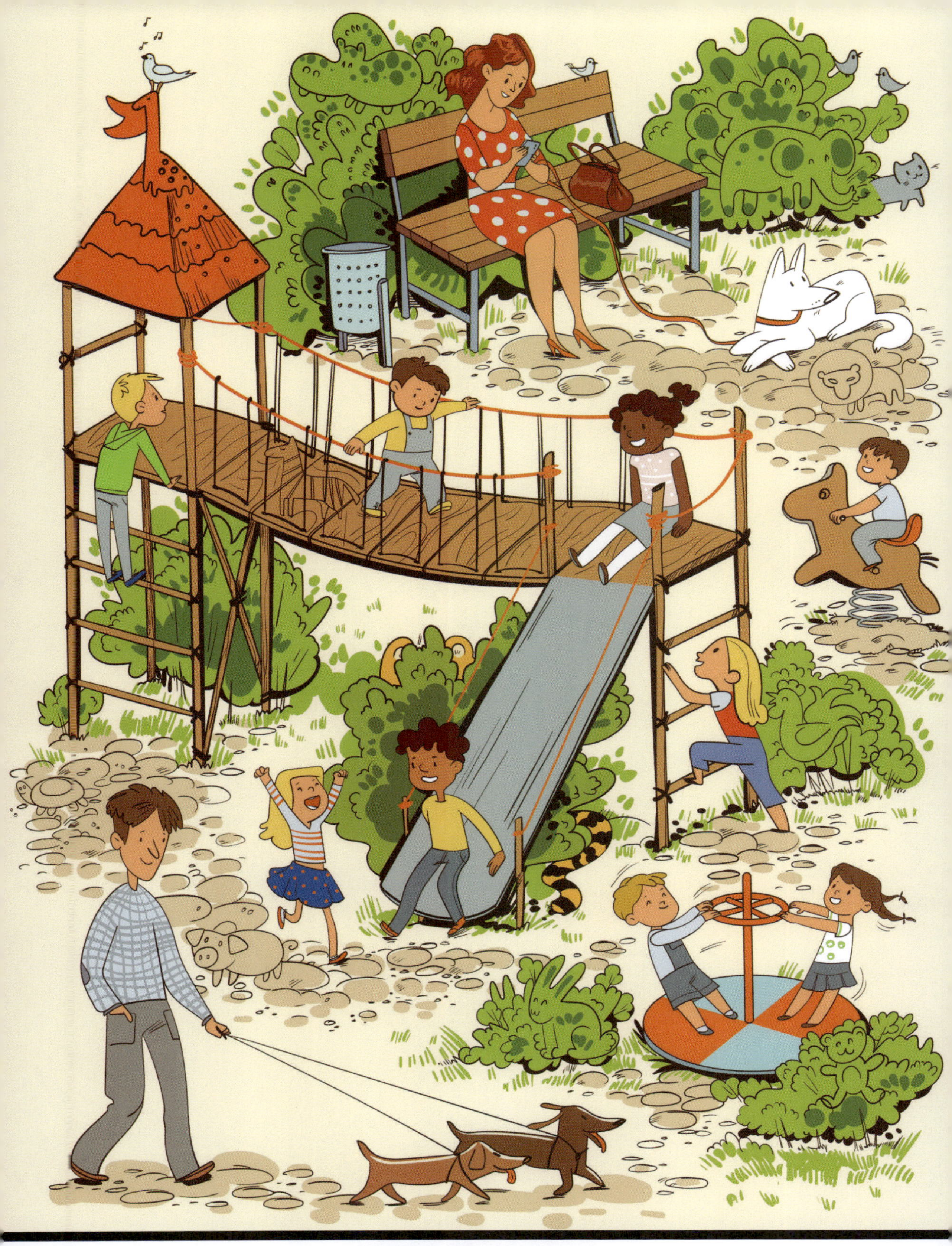

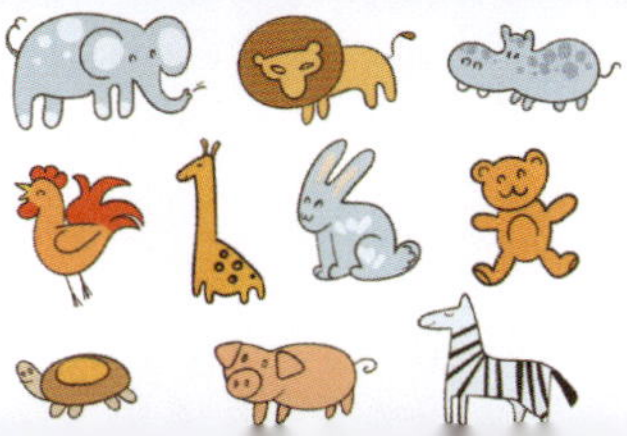

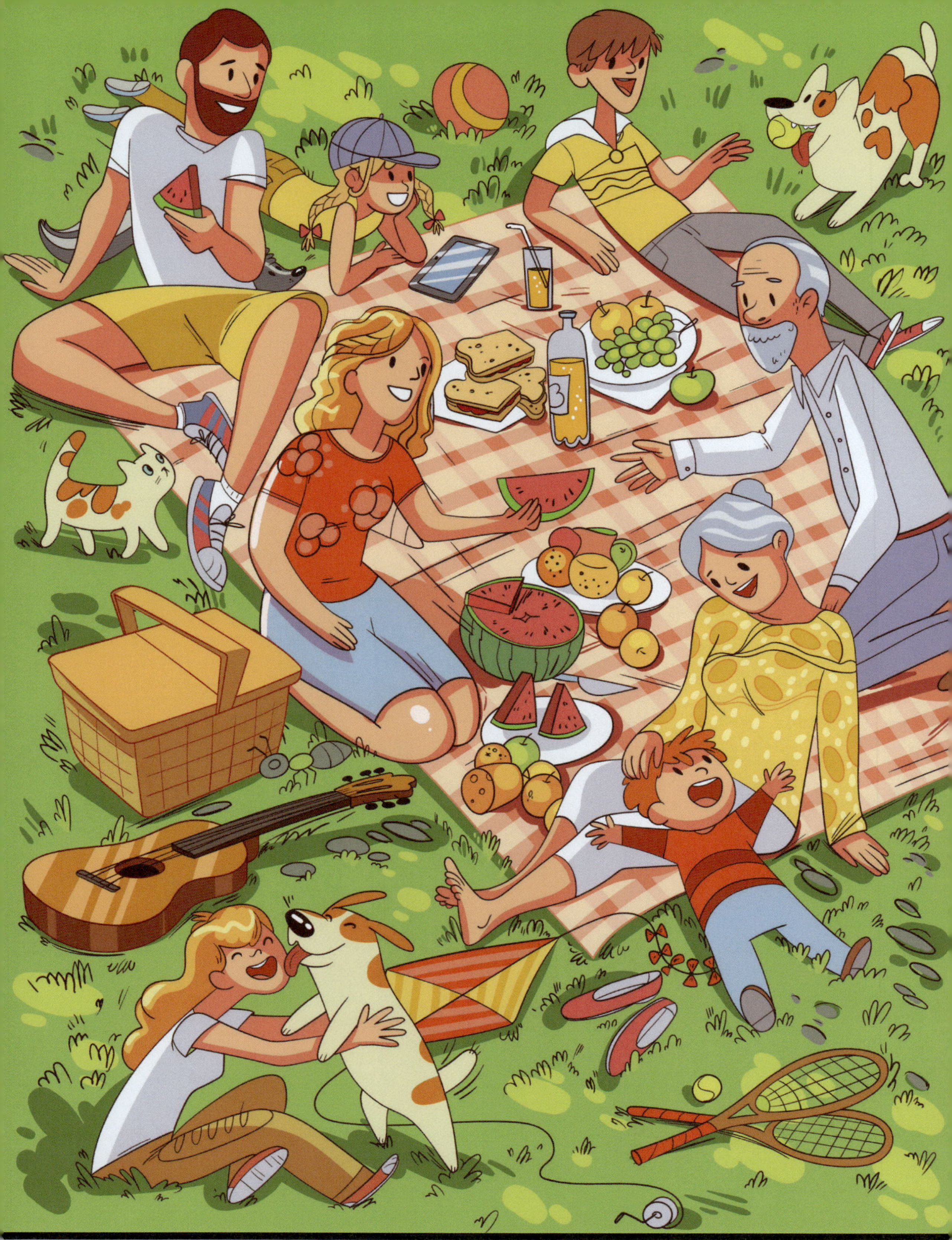

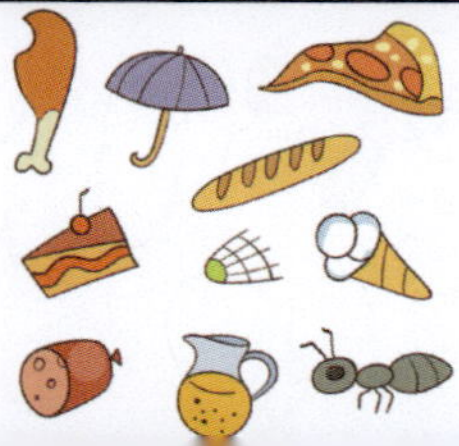

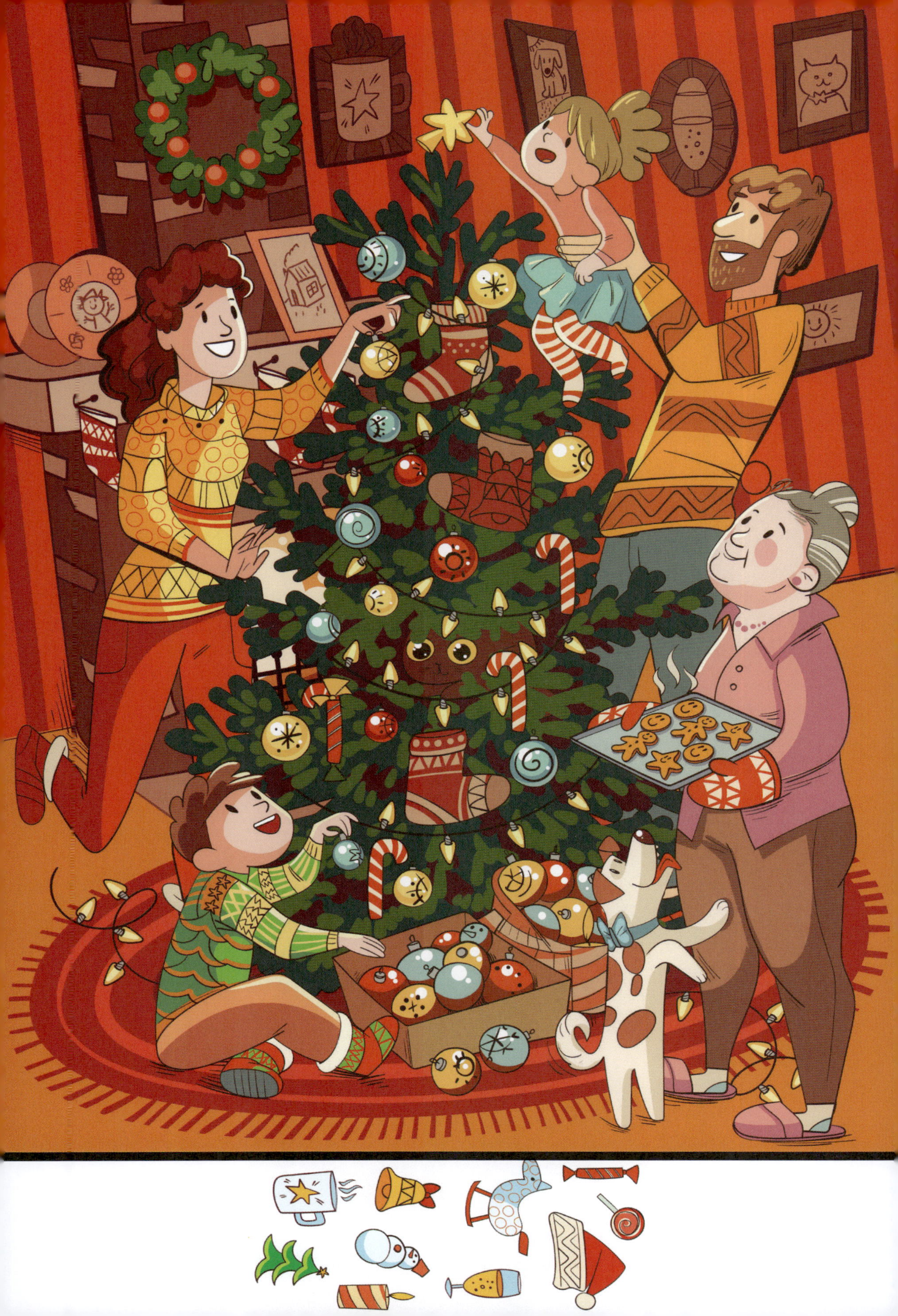

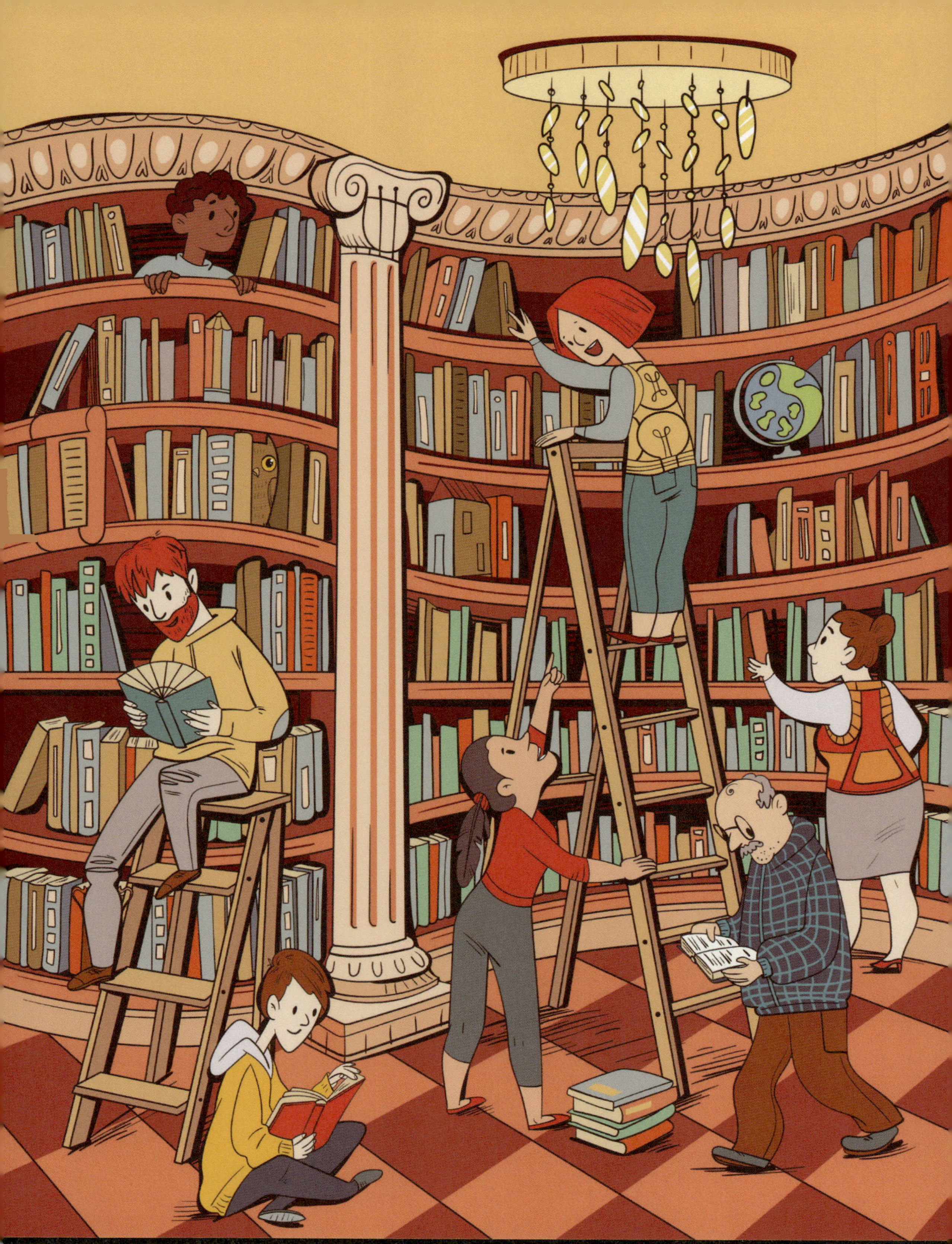

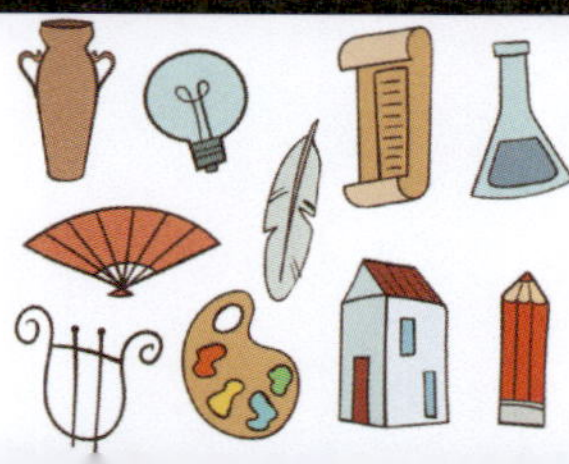

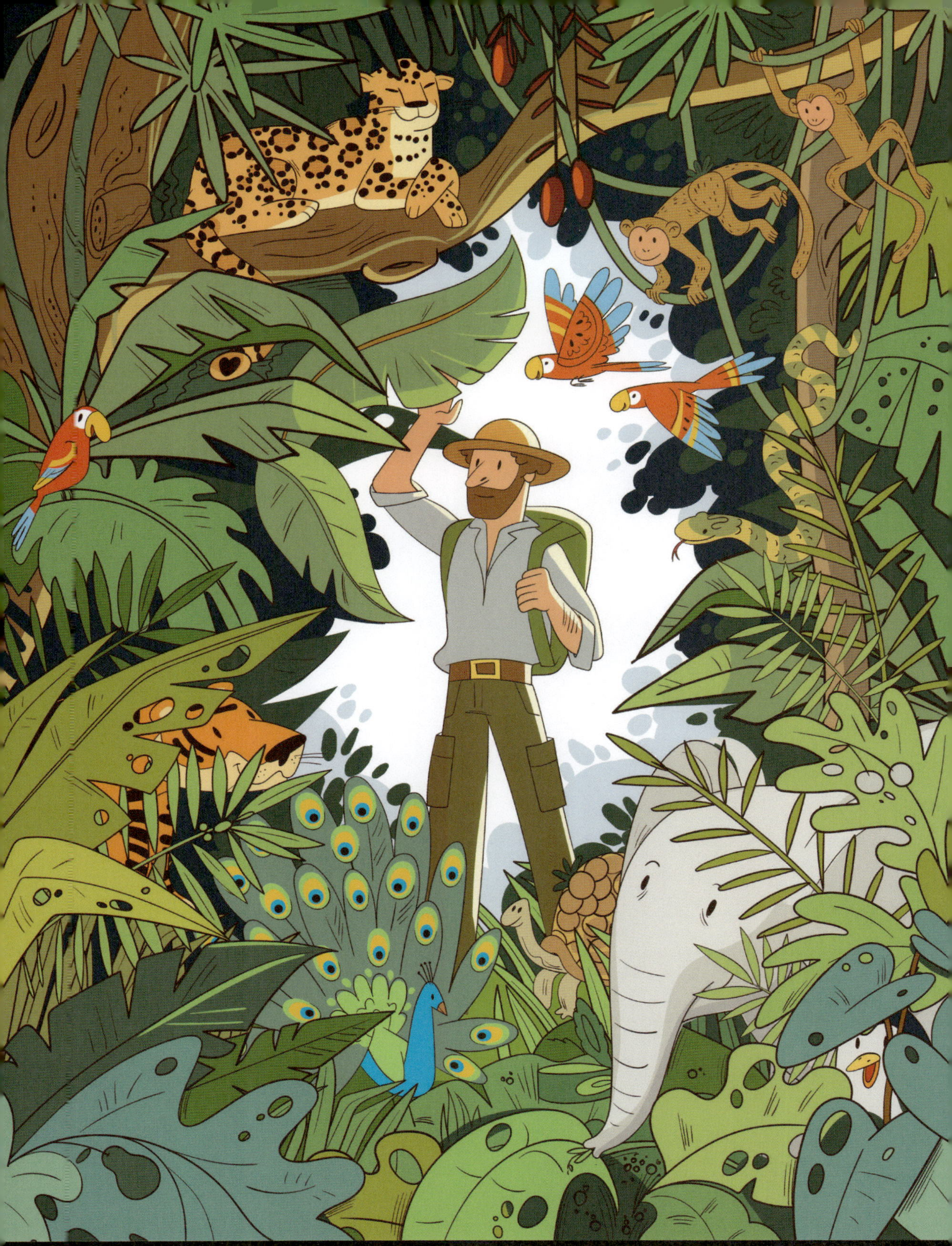
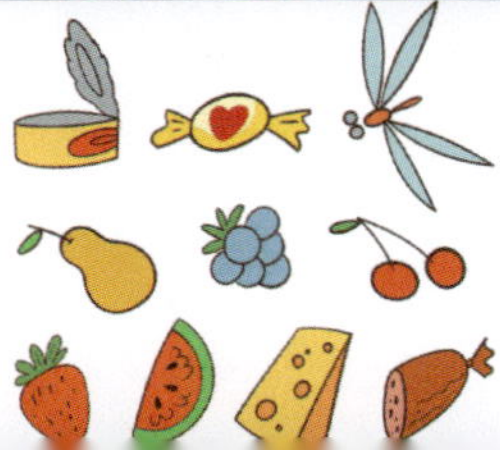

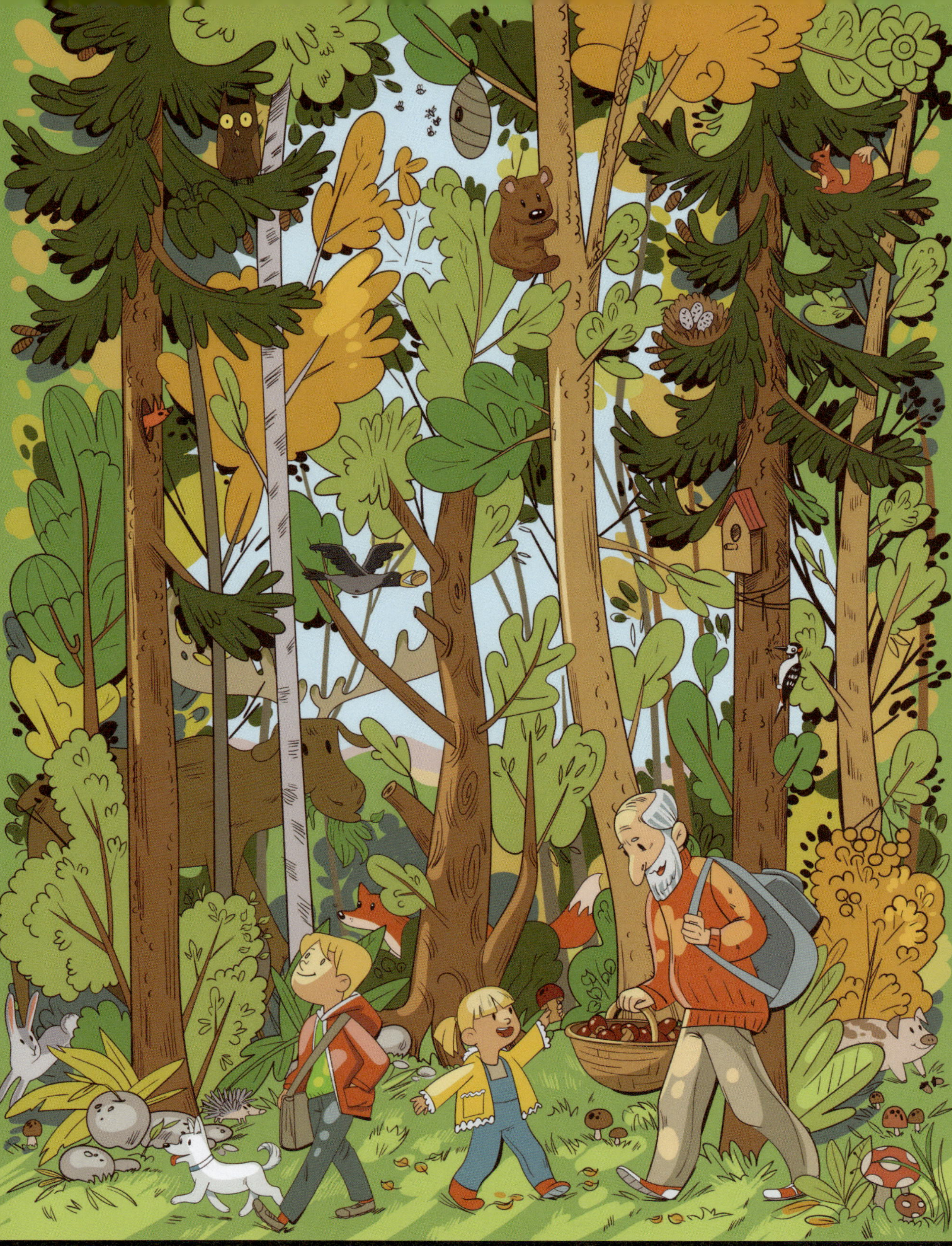

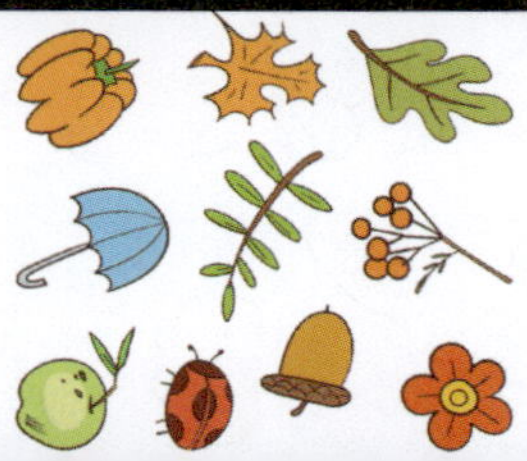

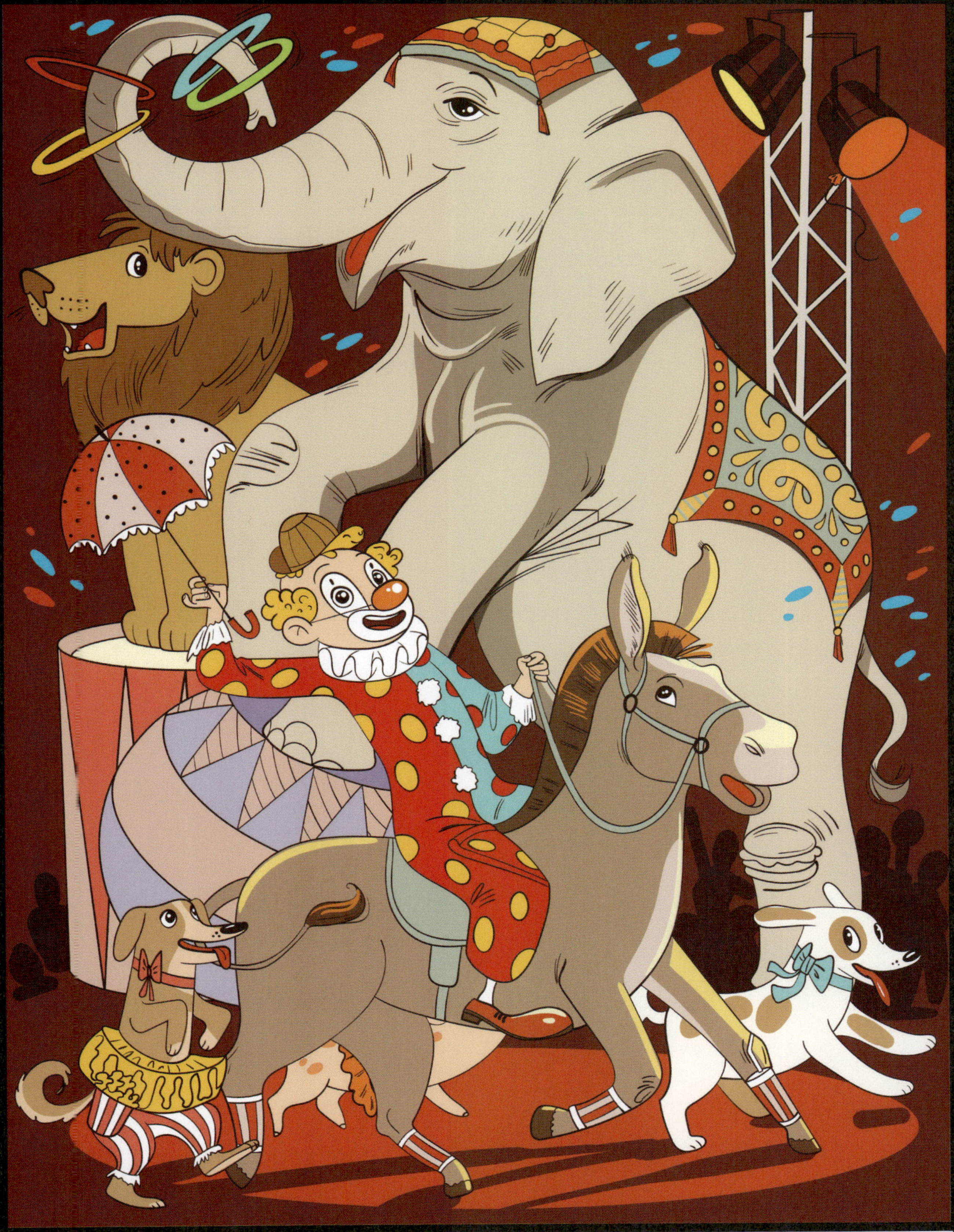

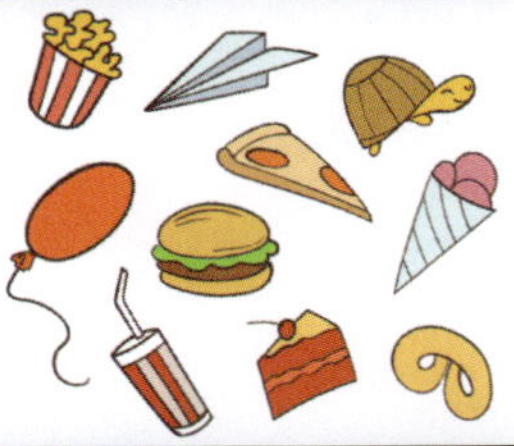

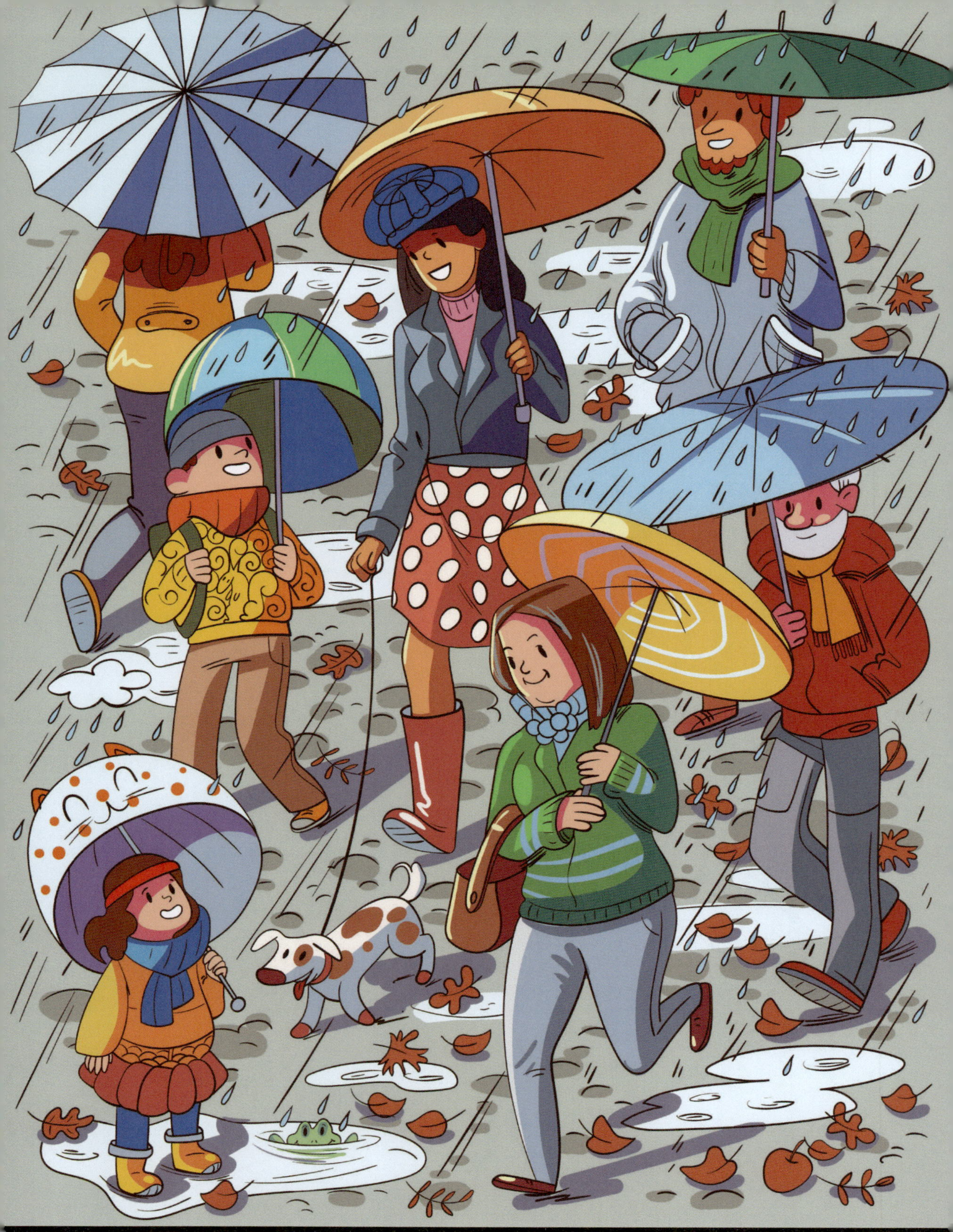
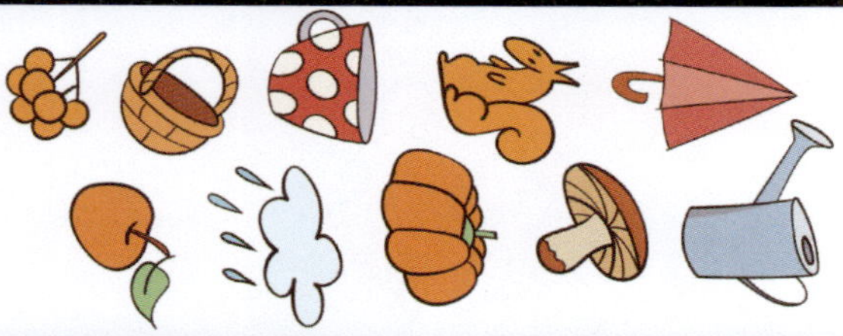

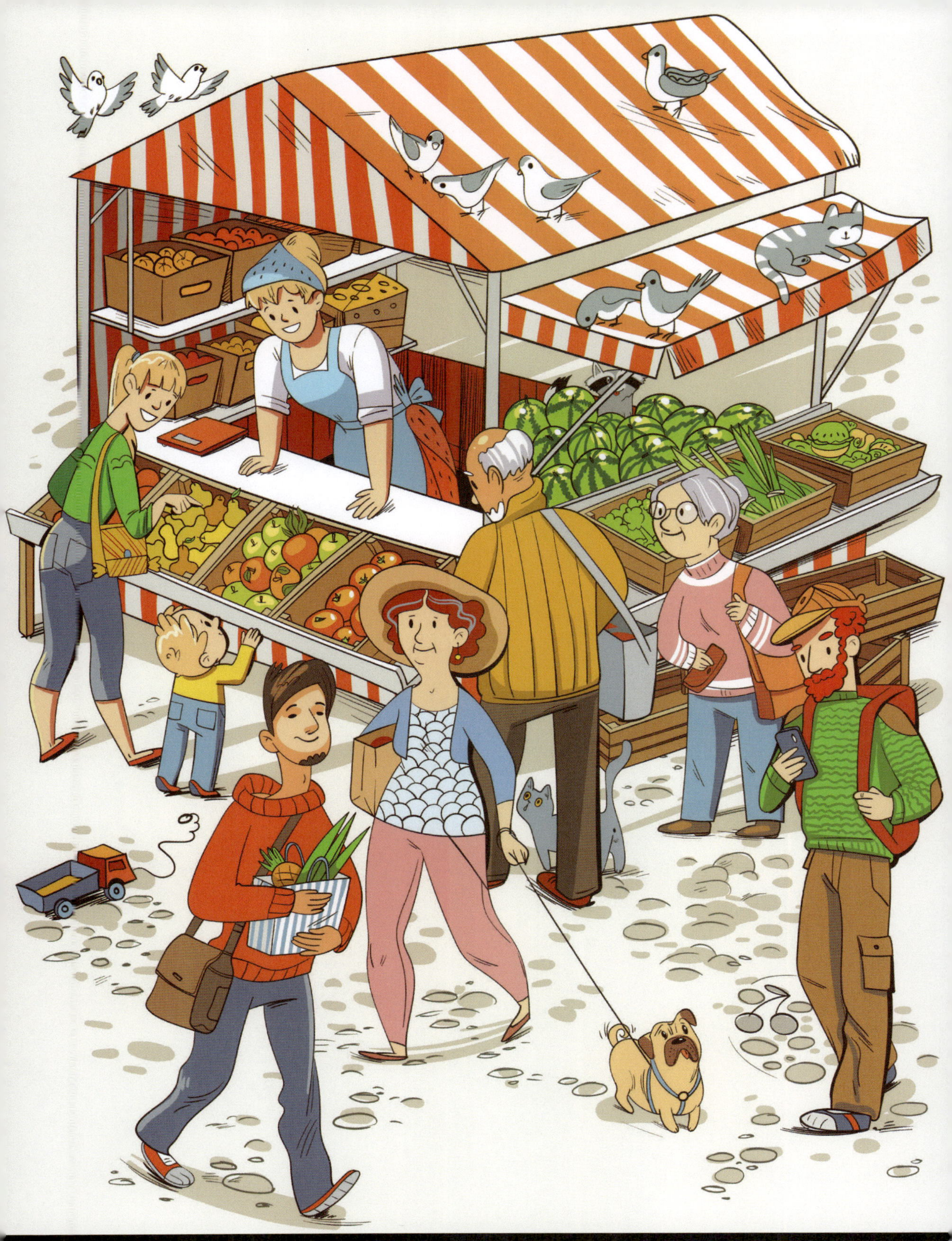
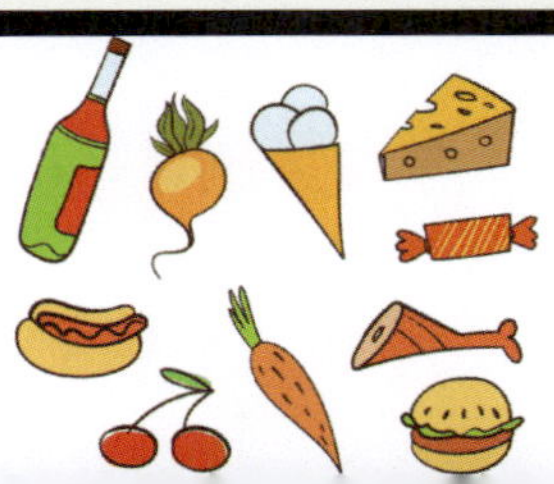

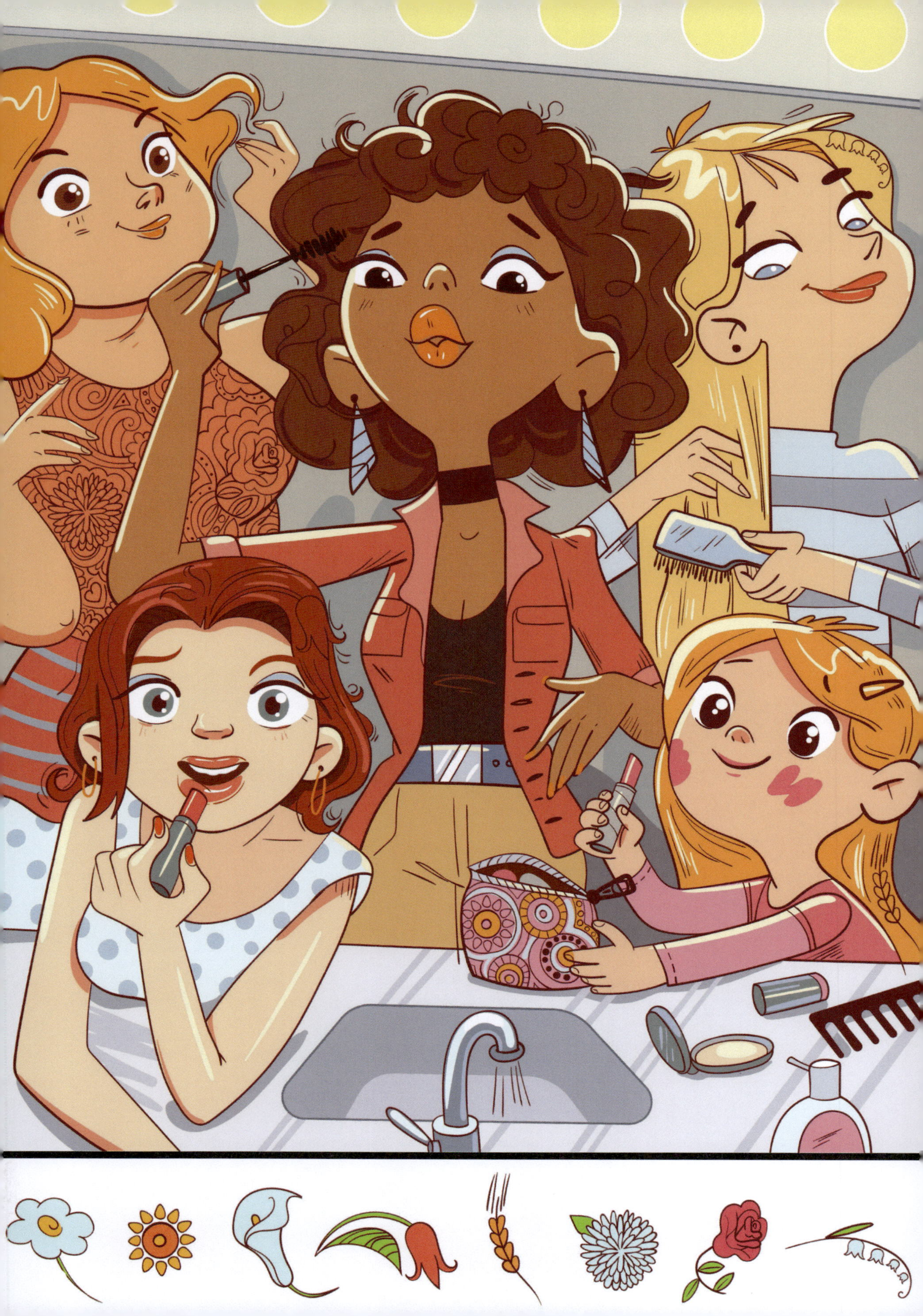

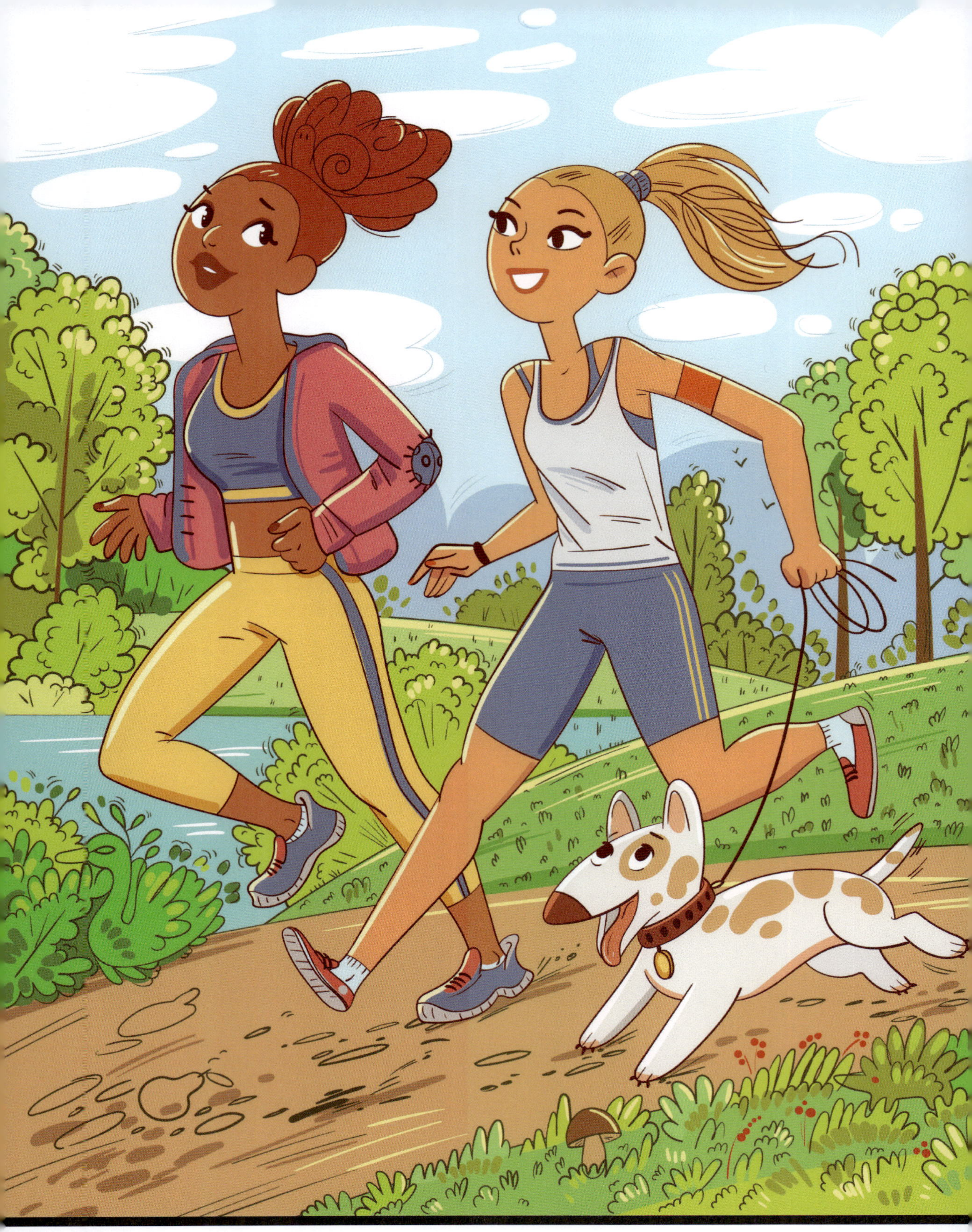

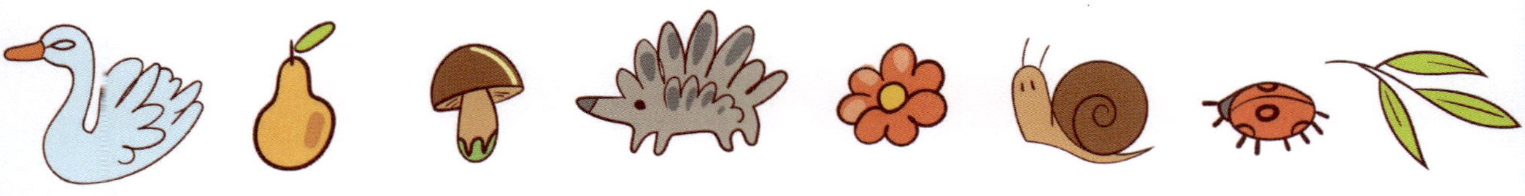

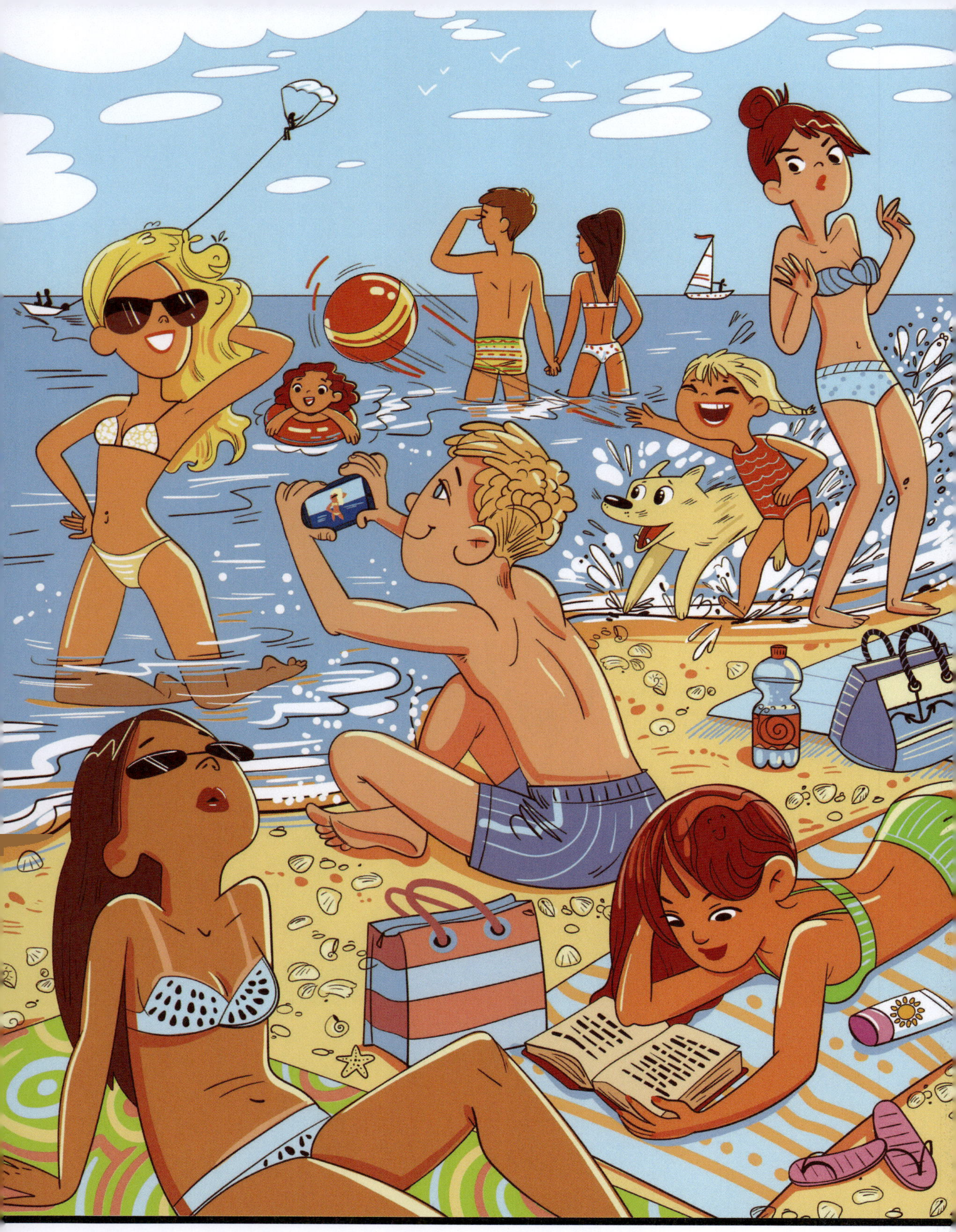
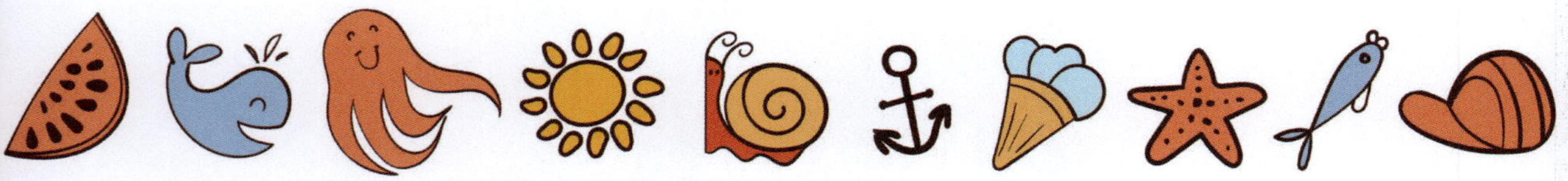

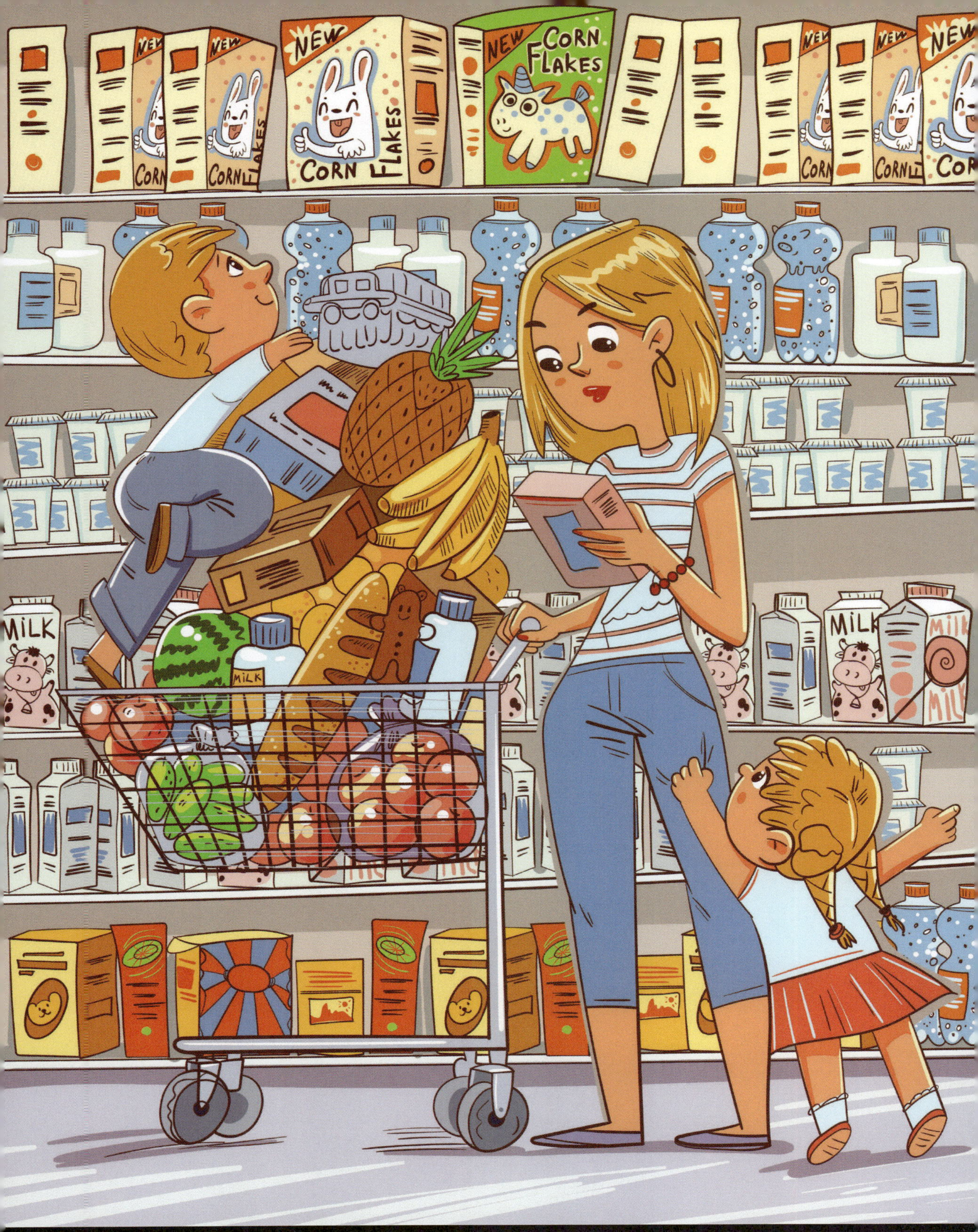
NEW
CORN FLAKES
NEW
CORN FLAKES
MILK
MILK
MILK
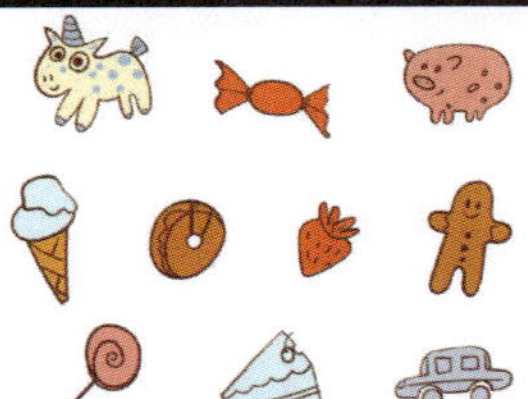

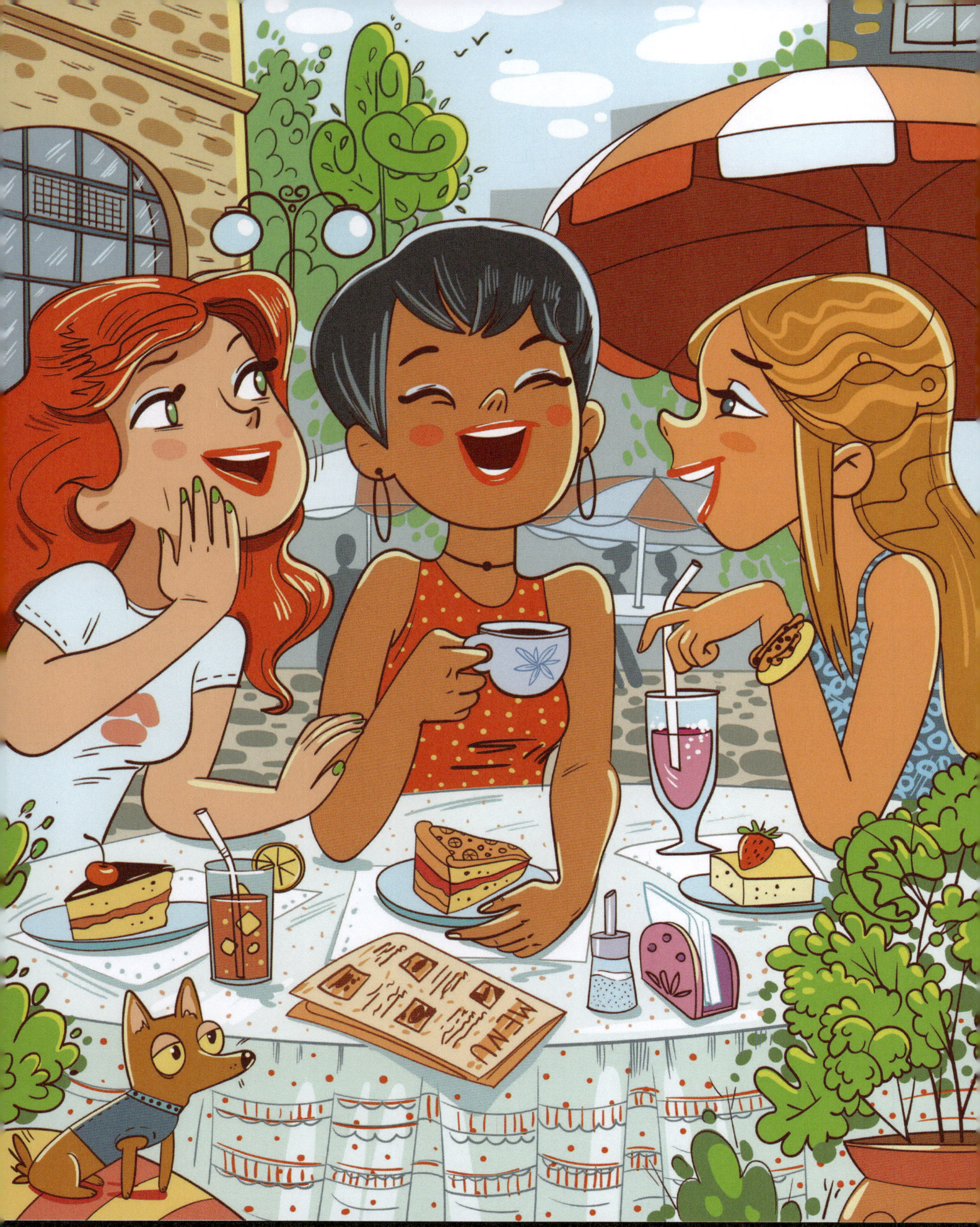
MENU

diet menu

meow

BIG SALE

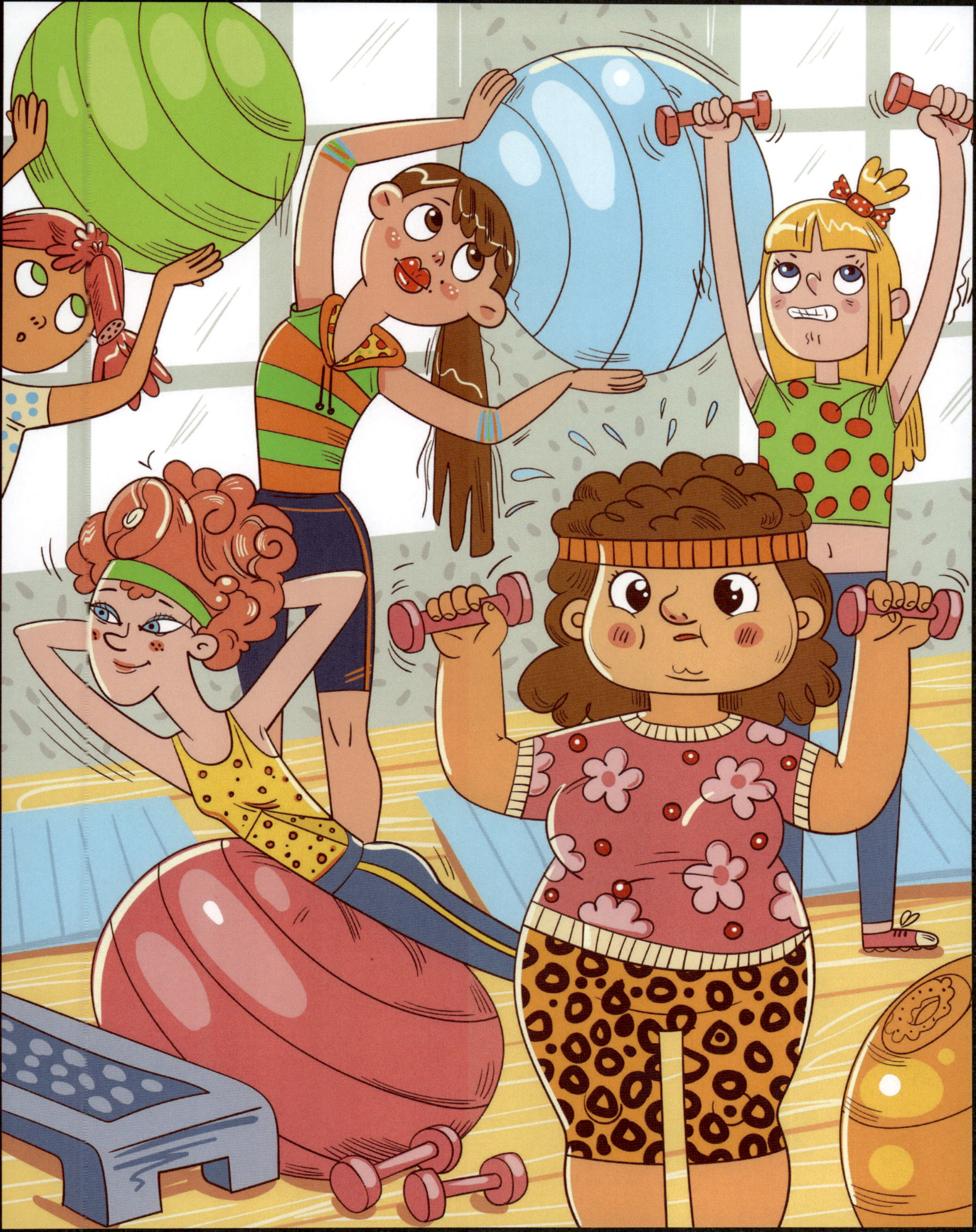

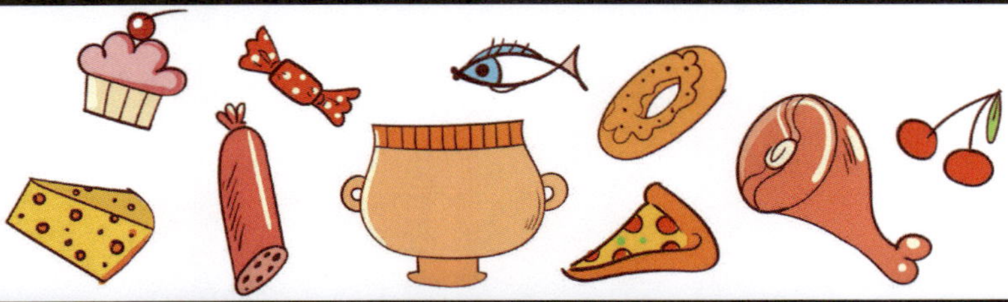

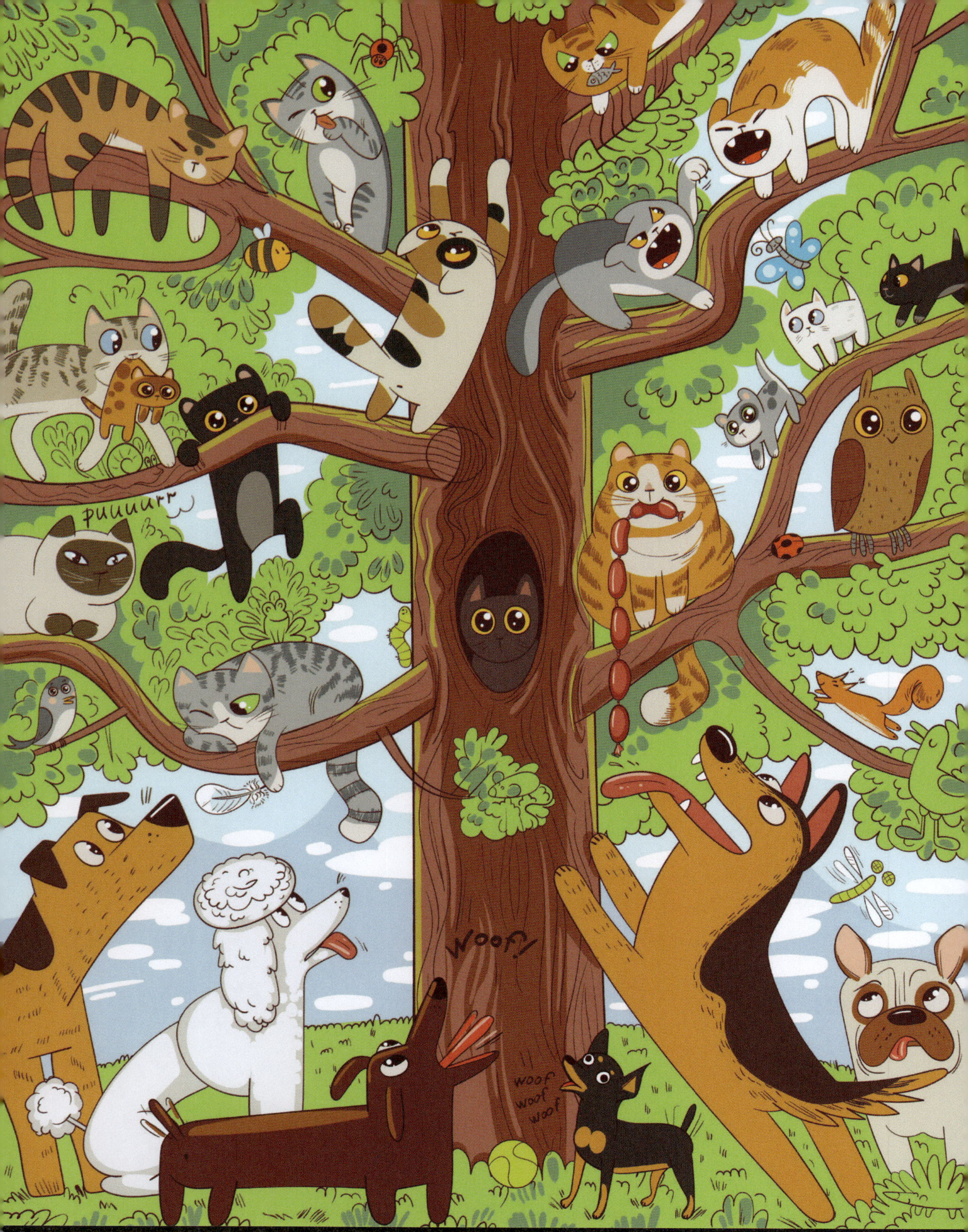
puuuurr
Woof!
woof
woof
woof

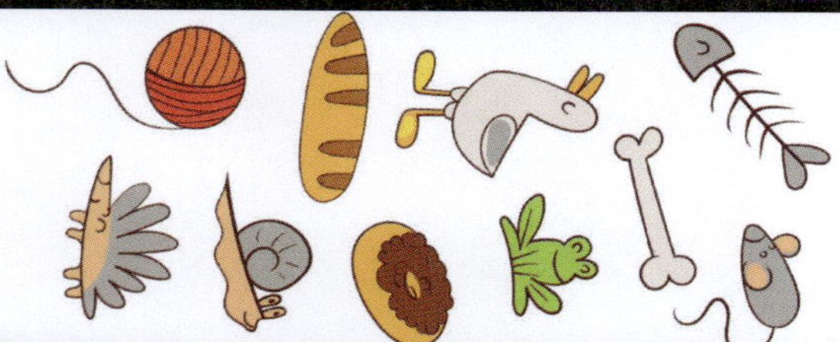

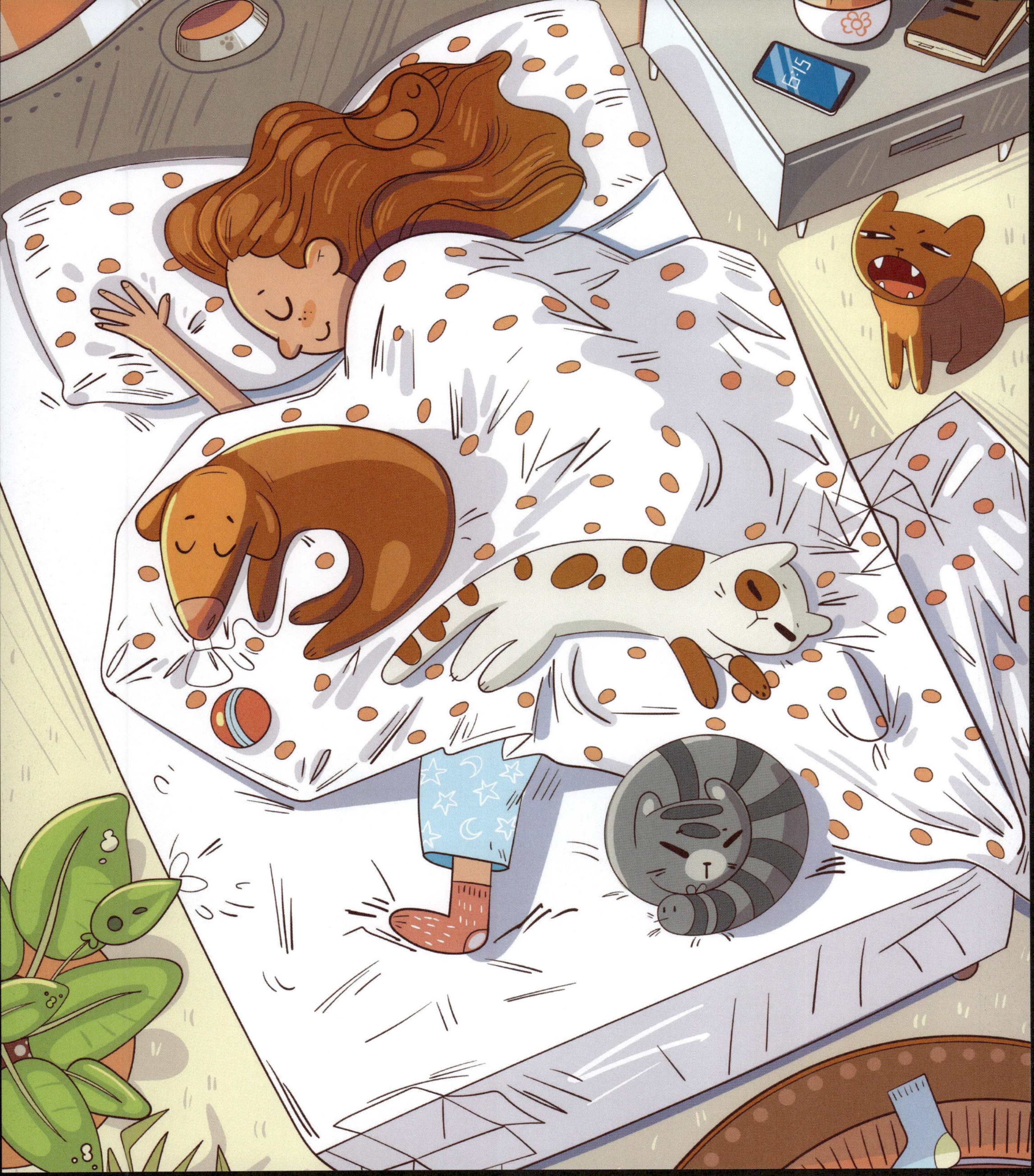
6:15

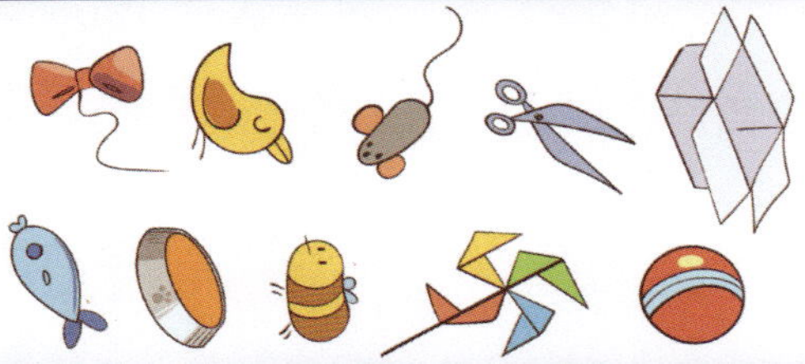

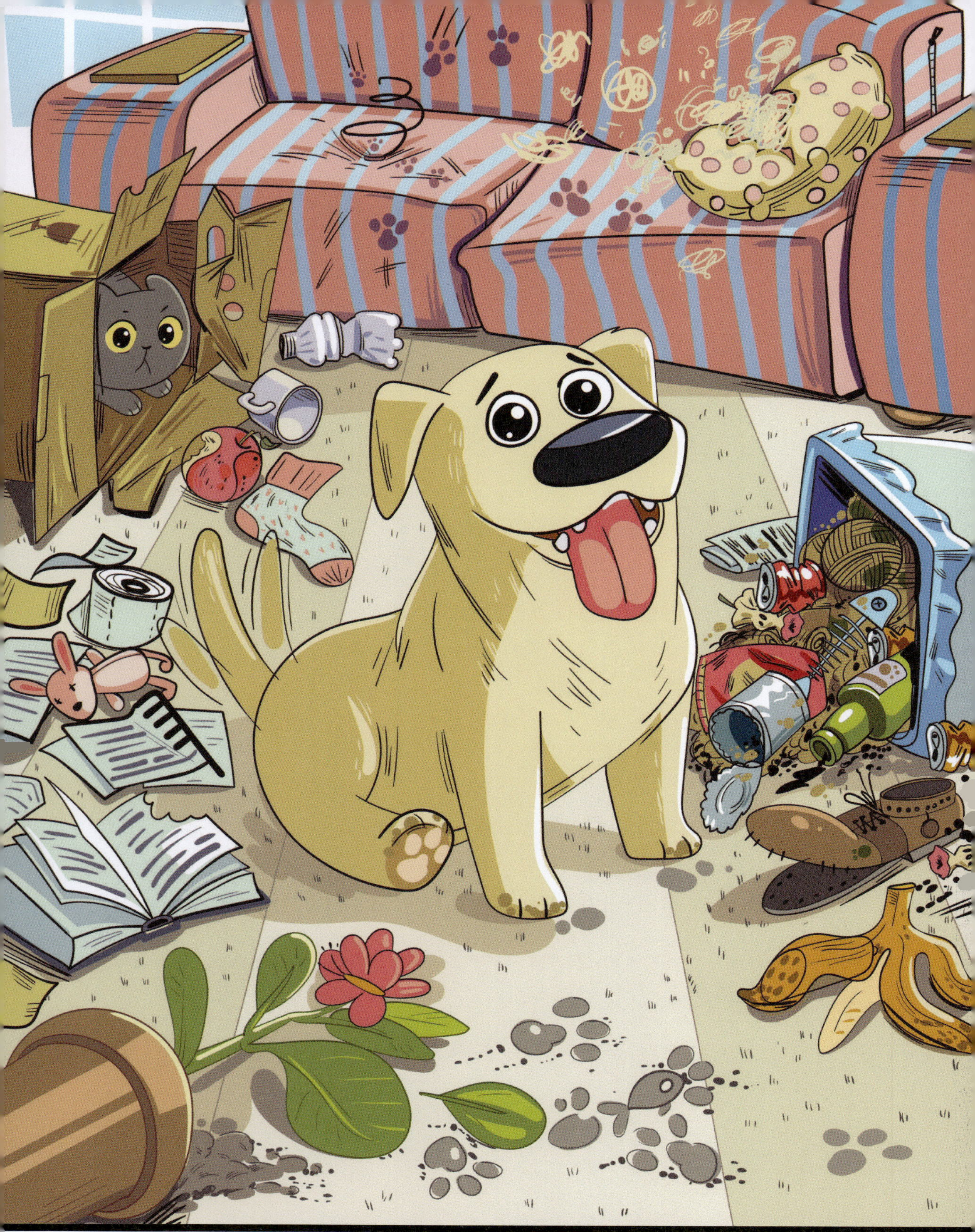

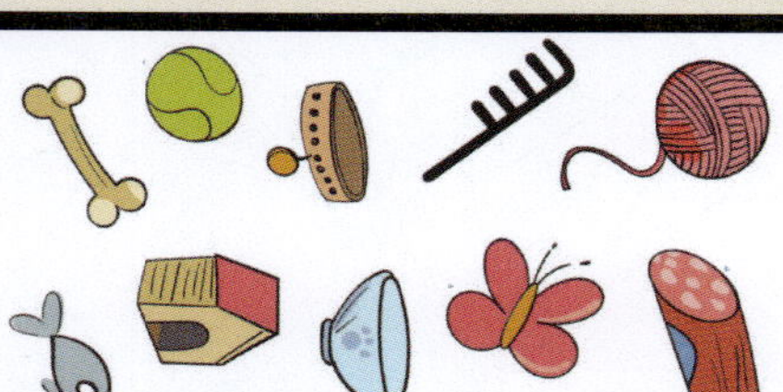

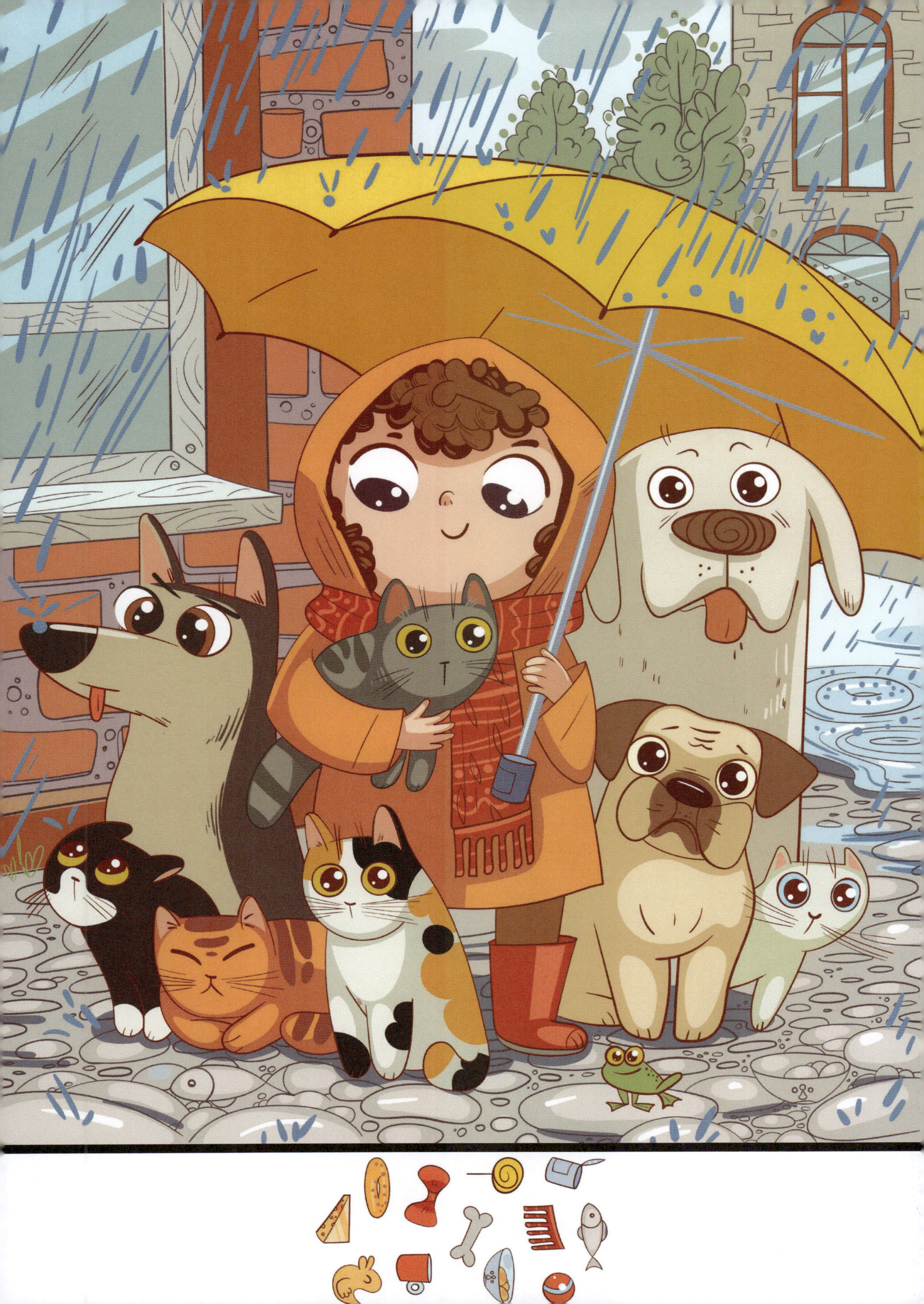

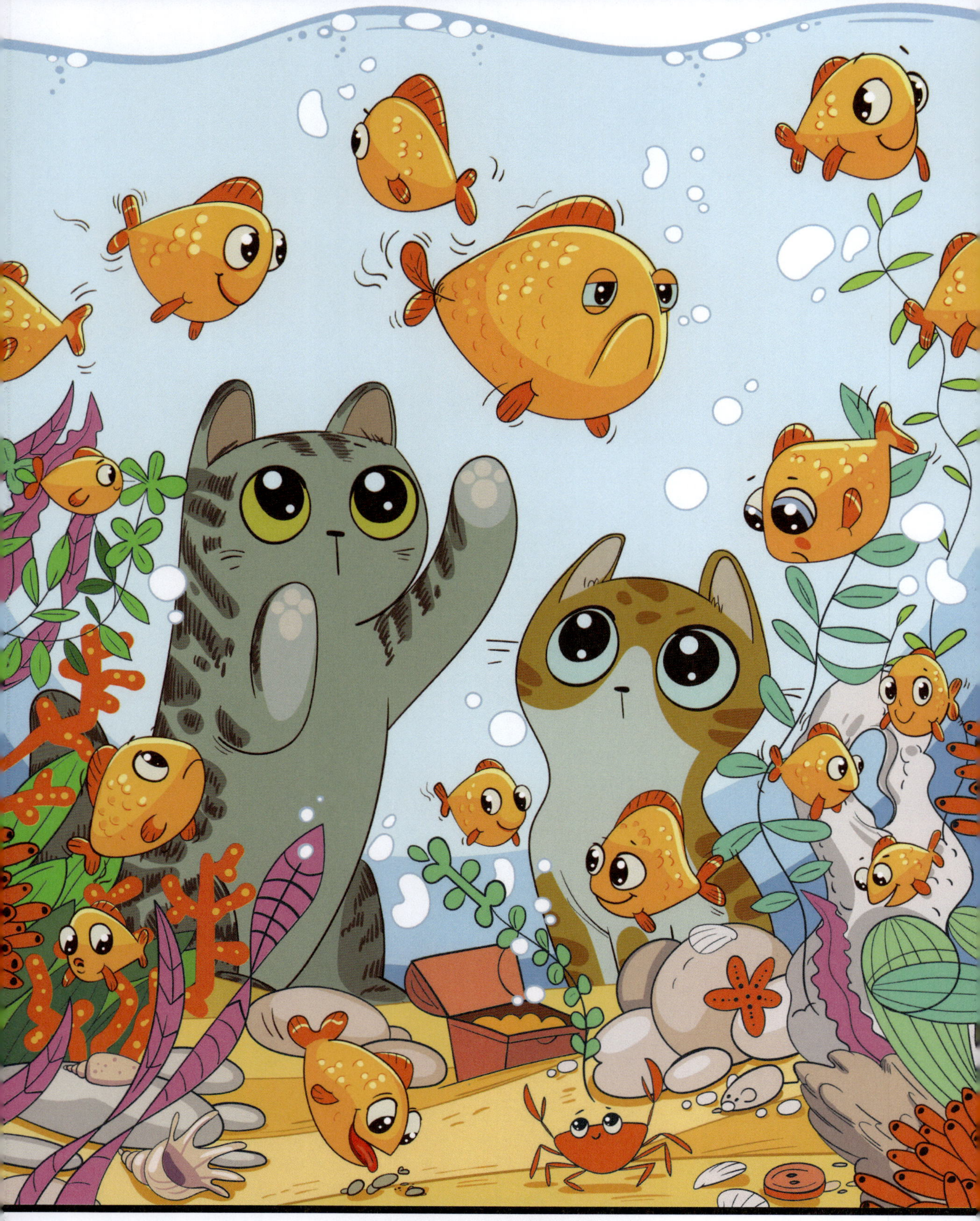
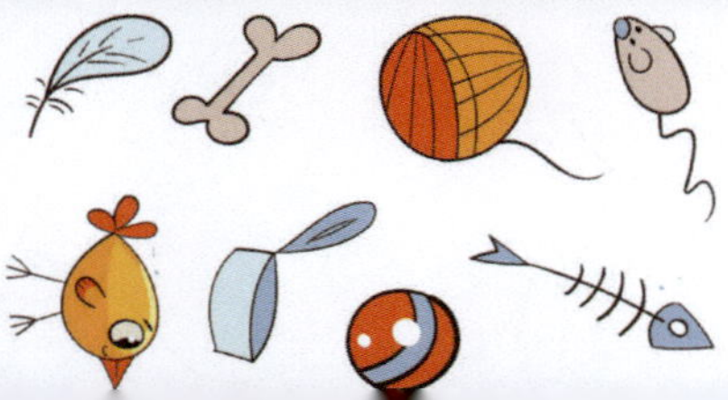

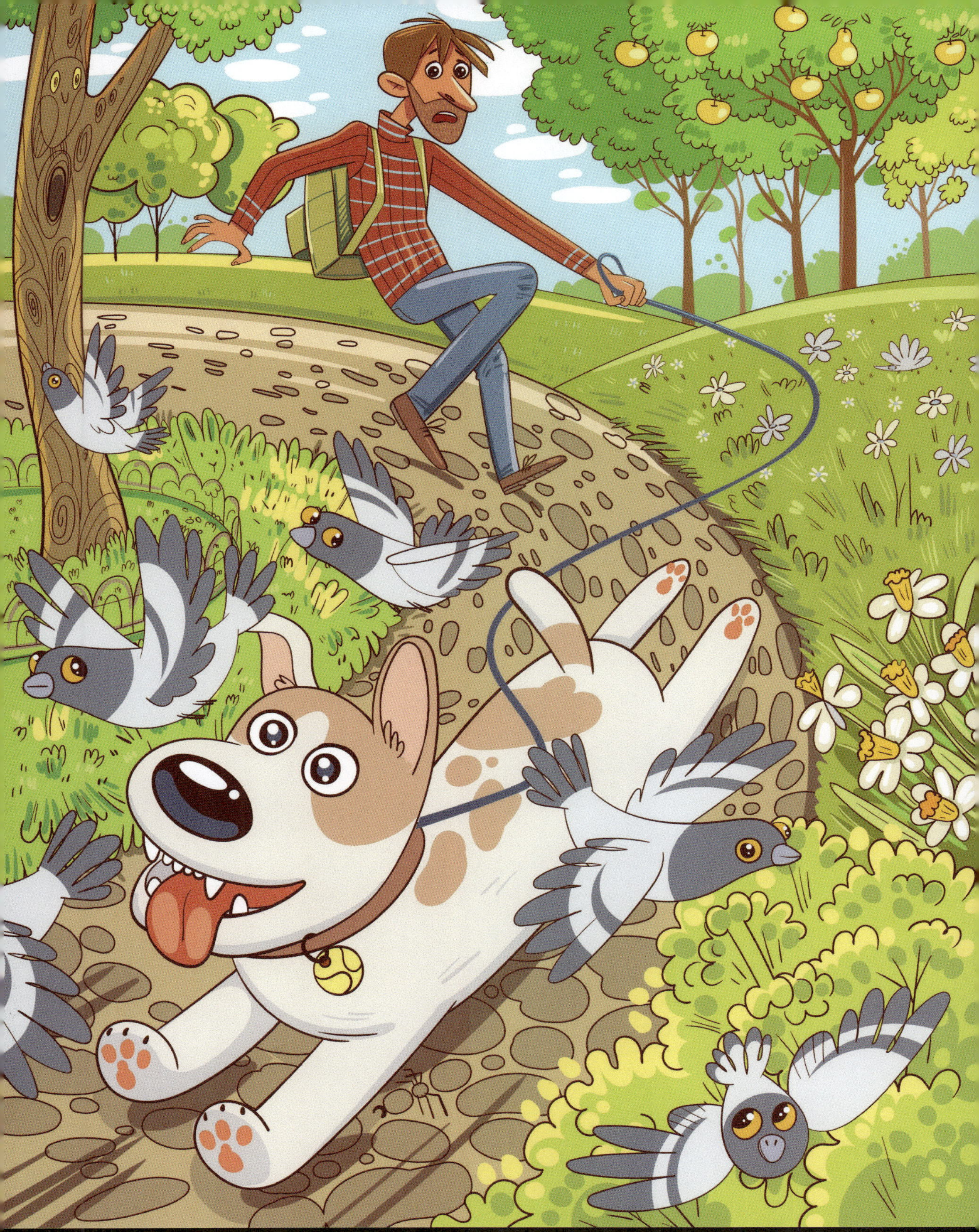

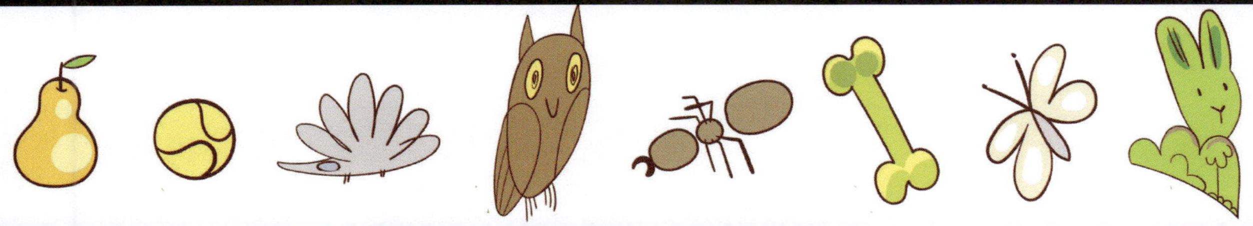

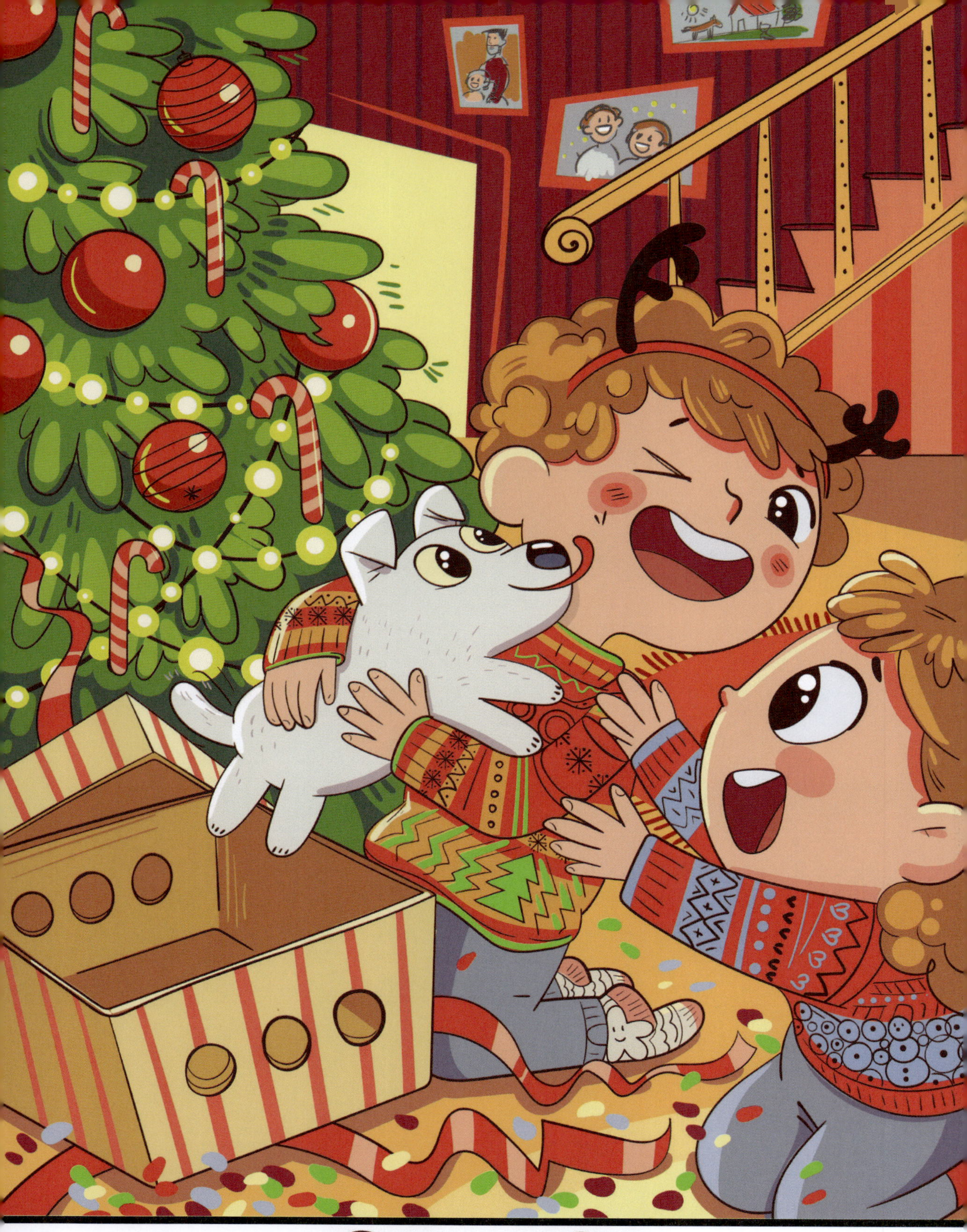

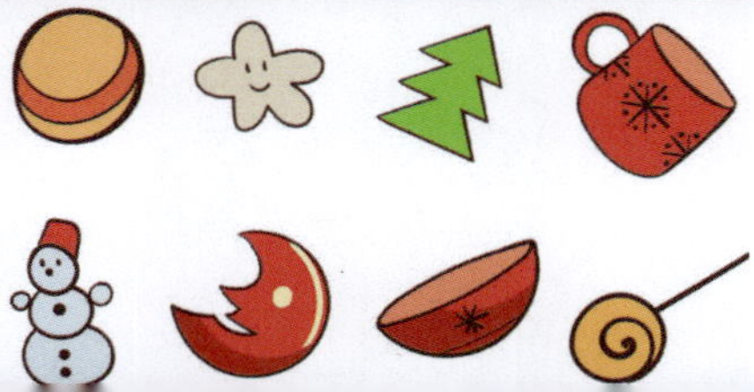

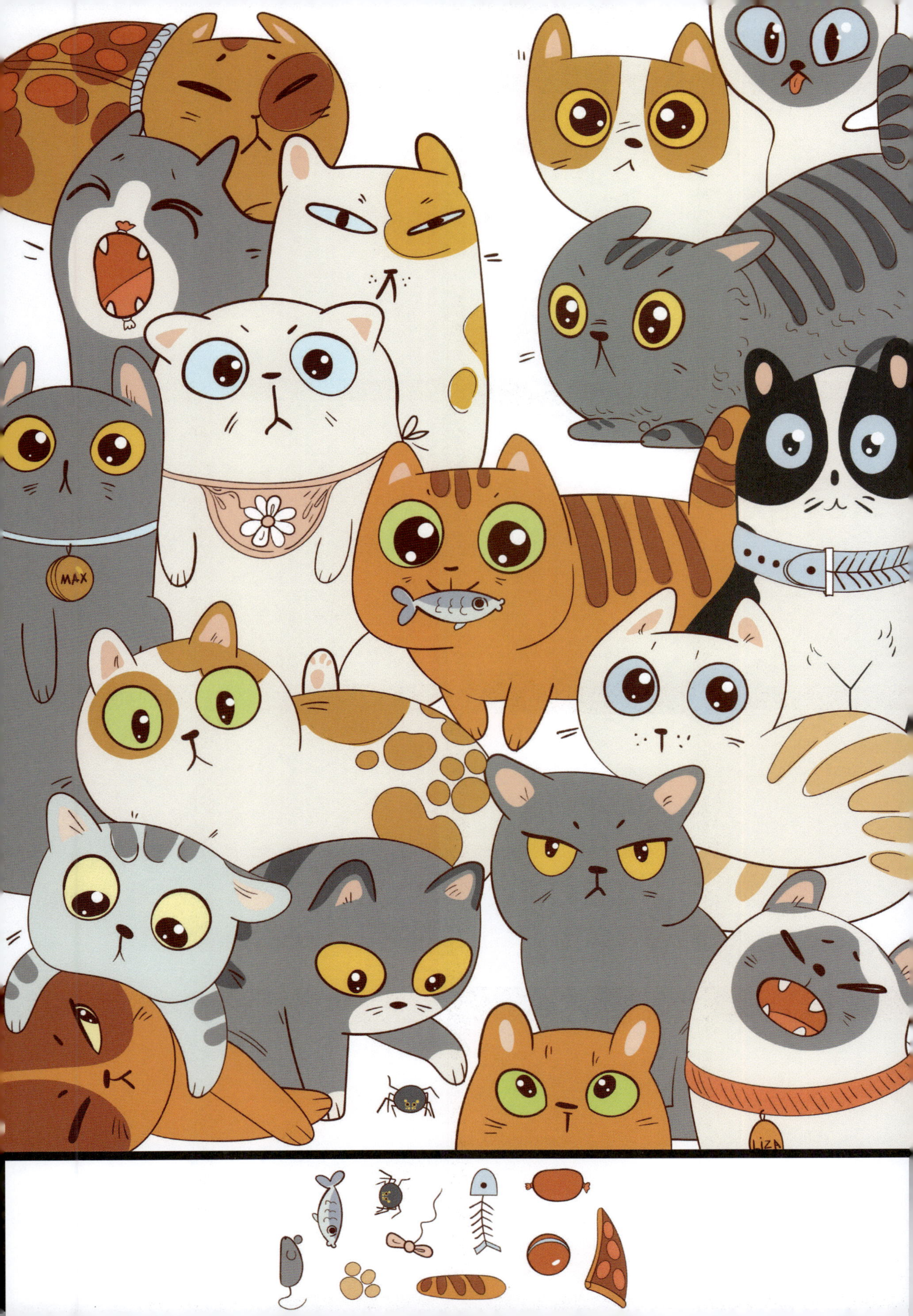
MAX
LIZA

Antworten

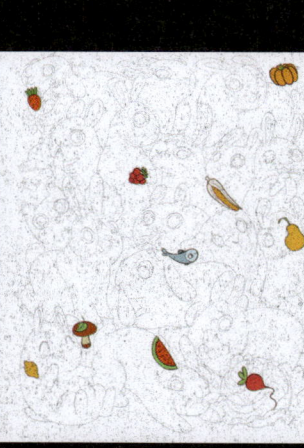

Antworten

Antworten

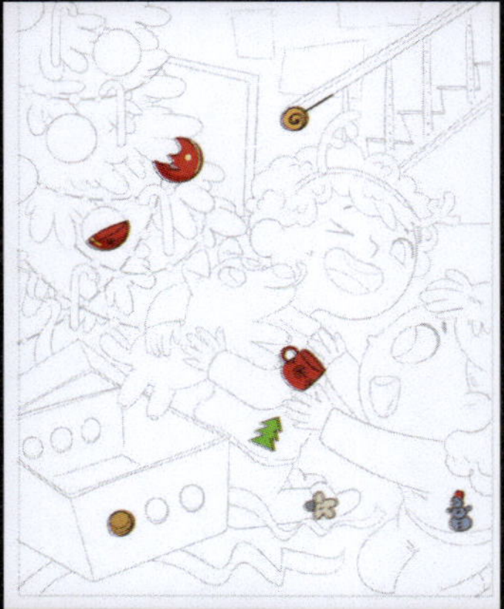

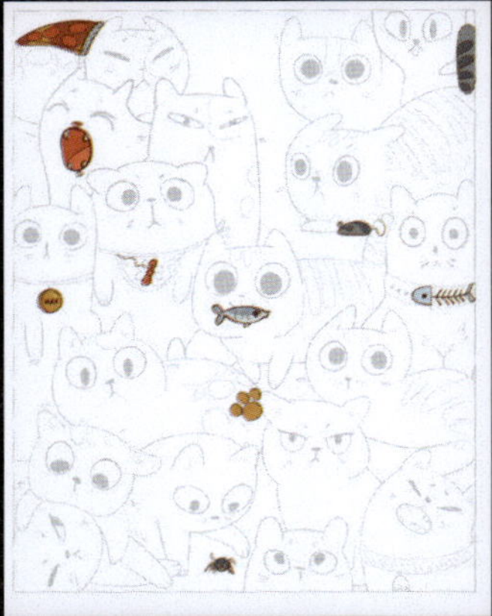

Printed in Poland
by Amazon Fulfillment
Poland Sp. z o.o., Wrocław